イギリスの
言葉と文化に触れる!

日常生活のイギリス英語表現

ジュミック今井
トレーシー・キメスカンプ（協力）

明日香出版社

はじめに

■ イギリス英語の世界へようこそ！

こんにちは。ジュミック今井と申します。この度は『日常生活のイギリス英語表現』を手に取ってくださりありがとうございます。

さて、この挨拶を読んでくださっている皆さんは、必ずや『イギリス大好きっ子クラブ』の一員であるに違いありません（あれ、そんなクラブあったかな ... 笑）。エニウェイ、当本を執筆するにあたり意識したことは、どのメンバーの方にも楽しんでいただける一冊にすること。これこそが今回の必須命題であり、当方のミッションでございます。

これまでイギリス英語の本を何冊か出版してきましたが、イギリスに関する原稿を作り上げる作業は、うーん、実に難しい。というのも、イギリス大好きっ子クラブのメンバーさんの語学レベルは必ずしも一定ではなく、初心者から上級者まで広域に渡るからです。当方が運営する英語スクールにもロンドンに駐在経験のあるビジネスパーソンやABCの読み方から学びたいという初心者さんがおり、語学のレベルは実にバラバラです。

しかしながら、その一方でイギリス愛は誰もが同じく、深くて広い。つまり、イギリス英語の教材を作るということは、異なる習得レベルを考慮しつつも、オールメンバーの希望に叶う一冊にしなければならず、書き手も負けてはおられず、昼夜問わず、あれやこれやと思考を凝らすことになるわけです。

■ 『日常生活のイギリス英語表現』のブリリアントな使い方

この本は日本人のユキがロンドンに語学留学をするという設定になっており、ホストファザーのトニーとヒースロー空港で対面するところからスタートします。各シーンは4つのコーナーで構成されていますので、要点をご説明いたしましょう。

① **ダイアログ**：主人公のユキとホストファミリー、現地の友人、そして教師との会話を中心に繰り広げられています。加えて、ショップ店員やコンサート会場のスタッフなどとのやりとりもあります。各ダイアログには Words & Phrases のほか、もちろん和訳もついています。

② **英会話のフレーズ**（ほとんどが「〜の英会話」というタイトルになっています）：実践的な場面で使えるフレーズやセンテンスを取り上げ、言語的および文化的背景を交えながら解説をしています。ぽつぽつとユーモアが散見できる箇所もあり（個人的にはそう思っています！）、願わくは学びながらクスッと笑っていただければ、これ幸い。

③ **イギリスのスラング表現**：イギリスの映画やドラマなどで耳にするスラングをピックアップ。イギリス人との会話で使ってみたら、おお、お主やるな！と思ってもらえるかもしれません。

④ **イギリス英語の語彙・文法**：英文法や語法の基礎的なブラシュアップを中心に、現地の暮らしで役立つ実用的な表現を散りばめました。

なお、巻末には「イギリス英語のフォニックス　ベーシック編」があります。メトロノームのリズム音を使ったエクササイズを通して、ぜひとも美しいイギリス英語の発音を習得してくださいね。

※表記について

British は「英国人」、Britain は「英国」ですが、日本では“イギリス”という表現が一般的に広く使われていますので、この本では前者を「イギリス人」、後者を「イギリス」の表記で統一することにしました。同様に football も本来は「フットボール」としたいところなのですが、必要に応じて「サッカー」としています。

■　ユキは皆さんの将来の姿

ダイアログには、ユキをはじめとする英語が母国語ではない人物が登場しますが、音源では誰もが美しいイギリス英語のアクセントで話しています。日本人なのに？と思うかもしれませんが、ユキは皆さんの将来の姿であり、キレイなアクセントで英語を話している未来の自分です。この点は当方が特にこだわったところで、4名のナレーターさんは全員イギリス人でお願いしました。同じく、ユキの語学学校の友人にフランス人のジャンポール、ベルギー人のアン、トルコ人のメメットがおりますが、彼らのアクセントも見事なブリティッシュ。ジャンポールってフランス語の訛りが全然ないね～というツッコミが聞こえてきそうですが、いえいえ、イギリス大好きっ子クラブの皆さんが耳にしたいのは、何はなくともイギリス英語のアクセントであることを当方は知っています。

■　脳内イギリス留学を楽しもう！

この本の企画をいただくにあたり、コンセプトはすぐに固まりました。それは脳内イギリス留学です。当たり前のことですが、かつて自分もそうであったように、イギリスに留学するにはイギリスへ行かなくてはなりません。しかしながら、考え方次第ではイギリスが皆さんの元にやって来てくれます。

この本を通して、いつでもイギリスを身近に感じることができますよう、そして次に渡英するまでのバイブルとして『日常生活のイギリス英語表現』を大切に使っていただけましたら、朝の6時に食べたレトルトのカレーも、深夜12時にすすったカップラーメンも、すべてが意義ある一食一食として昇華してくれることでしょう。

この本は東京で執筆しましたが、企画から約1年、ある意味原稿を書きながら、私自身がイギリスにいたのだと言っても過言ではありません。脱稿するときはいつでも嬉しさが込み上げるのですが、今回はなんでしょうか、ちょっと寂しいのです。

「はじめに」の書き上げが作者としての最終作業なのですが、なんとも書き終わりたくないような、今も日本とイギリスを脳内で行き来している、そんなフワフワした気分です。でも、ここからはそんな気持ちと体験を皆さんに引き継いでいただくことにいたしましょう。

最後に、この本は「パイロットの挨拶」から始まり、「ホストファミリーからのお手紙」で締めくくられています。現地の風を感じながら、ラヴリーでアメージングな瞬間をお楽しみください。

皆さんのイギリス愛に幸あれ。

2022 年 12 月
ジュミック今井

Contents

CHAPTER 3 Homes and life in the UK イギリスの住まいと暮らし

CHAPTER 4 All about my everyday life in London ロンドンでの日常生活をお見せします

CHAPTER 6 British manners and rules to know
知っておきたい、イギリスのマナーやルール

●音声データについて（Track 1 ～ 89）

①【ASUKALA】アプリで再生
下記にアクセスして明日香出版社の音声再生アプリ【ASUKALA】をインストールすると、ダウンロードした音声を再生できます。

②音声データをダウンロード
音声データ（mp3 形式）をダウンロードできます。パソコンまたは携帯端末でアクセスしてください。
https://www.asuka-g.co.jp/dl/isbn978-4-7569-2251-9/

※音声の再生には、mp3 ファイルを再生できる機器などが必要です。ご使用の機器、音声再生ソフトなどに関する技術的なご質問はメーカーにお願い致します。音声ダウンロードサービスは予告なく終了することがあります。

カバーデザイン	小口翔平＋阿部早紀子（tobufune）
本文デザイン	株式会社デジカル（Isshiki）
本文イラスト	chona
本文組版	株式会社デジタルプレス
英文校閲	Tracey Kimmeskamp

イギリス英語について

イギリス英語を学ぶにあたり、文型、発音、綴り字、表記、よく使う表現、アメリカ英語との主な違いなどをご紹介します。拙著『イギリス英語フレーズブック』（明日香出版社）も一緒にお読みいただけると幸いです。

1 イギリスでよく使われる文型

I've got ～「～を持っている」

学校ではI have ～. のかたちで習いましたが、イギリスではI've got ～. がよく用いられます。発音は"アィヴゴット"です。

I've got to ～「～しなければならない」

I have to ～. と同じ意味です。なお、toの後ろには動詞の原形がきます。発音は"アィヴゴットゥ"です。

その他にもイギリスらしい表現はたくさんあります。本書のSCENE 1～42の「イギリス英語の語彙・文法」も合わせてご覧ください。

2 会話でよく使われる副詞、形容詞、動詞

lovely, fancy, all right, brilliant, indeedなどを会話で使うと、とてもイギリスらしい響きになります。

例 **Lovely!**（すてき！）
It's brilliant.（すごい）
Fancy some tea?（紅茶はいかが？）

3 イギリス英語とアメリカ英語の綴り字の違い

英米では綴り字が異なるものがあります。主なものを紹介します。

イギリス英語		アメリカ英語		意味
ce	licen<u>ce</u> defen<u>ce</u>	se	license defense	免許証 防衛
ise	organ<u>ise</u> real<u>ise</u>	ize	organize realize	準備する 認識する
ll	cance<u>ll</u>ed trave<u>ll</u>ing	l	canceled traveling	キャンセルした 旅行
lyse	ana<u>lyse</u> para<u>lyse</u>	lyze	analyze paralyze	分析する 麻痺させる
our	col<u>our</u> neighb<u>our</u>	or	color neighbor	色 隣人
ogue	catal<u>ogue</u> dial<u>ogue</u>	og	catalog dialog	カタログ 会話
re	cent<u>re</u> met<u>re</u>	er	center meter	中央 メーター

4 イギリス英語とアメリカ英語の発音の違い

英米で発音が異なるものは多数あります。例えばイギリス英語にはアメリカ英語の /æ/ を /ɑː/ と発音するものがあります。下記のようにaを「アー」と伸ばします。

例　**ask**「アースク」 **can't**「カーント」

その他にも本書で解説していますので、合わせてご覧ください。

5 イギリス英語とアメリカ英語の語彙の違い

意味	イギリス英語	アメリカ英語
紙幣	note	bill
お会計	bill	check
地下鉄	the underground	subway
エレベーター	lift	elevator
1階	ground floor	first floor
2階	first floor	second floor
3階	second floor	third floor
ルームメイト	flatmate	roommate
映画	film	movie
映画館	cinema	movie theater
旅行	journey	trip
学期	term	semester
サッカー	football	soccer
（チームの）試合	match	game
ズボン	trousers	pants
セーター	jumper	sweater
小包	parcel	package
ポテトチップス	crisps	potato chips
フライドポテト	chips	French fries
缶詰	tin	can
～の缶詰	tinned ~	canned ~
（水道の）蛇口	tap	faucet
ゴミ	rubbish	garbage

6 イギリスでよく使われる語彙（口語、スラング、略語、愛称など）

よく使われる語彙	一般	意味
advert	advertisement	広告
Beeb	BBC	BBC 放送
bevvy	beverage	飲料
bike	bicycle	自転車
bin	rubbish bin	ゴミ箱
Brit	British	イギリス人
brolly	umbrella	傘
caff	café	カフェ
choccie	chocolate	チョコレート
cuppa	a cup of tea	一杯の紅茶
dosh	money	お金
footy	football	サッカー
loo	toilet	トイレ
sarnie	sandwich	サンドイッチ
telly	television	テレビ
tipple	alcoholic drink	お酒
tube	the underground	地下鉄
uni	university	大学
veg	vegetable	野菜

<お金関係>

quid	one pound	1 ポンド
fiver	five pounds	5 ポンド
tenner	ten pounds	10 ポンド

7 イギリス英語とアメリカ英語でよく使われる表現

＜よく使われる動詞＞

意味	イギリス英語	アメリカ英語
休憩する	have a break	take a break
シャワーを使う	have a shower	take a shower
入浴する	have a bath	take a bath
（お金を払って）借りる	hire	rent
電話をかける	ring	call
提出する（書類など）	hand in	turn in
列に並ぶ	queue	stand in line
～を取りに来る	collect	pick up
休暇を取る	have a holiday	take a vacation

＜よく使われる前置詞＞

意味	イギリス英語	アメリカ英語
週末に	at the weekend	on the weekend
～通りにある	in the street	on the street
～に手紙を書く	write to	write
家にいる	stay at home	stay home

8 ライテングの主なルール

＜日付＞

イギリス英語では「日／月／年」の順で表します。アメリカ英語では「月／日／年」の順で表します。

例　2023年1月28日
　　2023年10月30日

イギリス英語	アメリカ英語
28th January 2023	January 28th, 2023
30th October 2023	October 30th, 2023

カジュアルな場面では、以下のように表します。

イギリス英語	アメリカ英語
28/1/2023	1/28/2023
30/10/2023	10/30/2023

＜敬称＞

アメリカ英語ではピリオドが付きますが、イギリス英語ではピリオドは付きません。

	イギリス英語	アメリカ英語
男性に	Mr	Mr.
女性に	Ms	Ms.
博士、医者	Dr	Dr.

Announcement from the pilot

Welcome to London Heathrow Terminal 5. The local time here is eight hours behind Tokyo and it's approaching five past eight in the morning. Please remain seated with your seat belt fastened until the seat belt signs have been switched off.

We have a passenger on board from Tokyo. Her name is Yuki Saito and it's her very first time in the UK. The book you're about to read is all about life in London as well as the experiences Yuki is going to enjoy while she's here. Take time to read and savour every single moment. Her sense of adventure is yours.

We would like to welcome home our passengers who live in London, and we wish a pleasant stay to those of you visiting here for business or leisure. It has been our pleasure to serve you. We look forward to welcoming you back again very soon. Thank you and a very good morning. Good luck.

パイロットからの挨拶

ようこそ、ロンドン・ヒースロー空港ターミナル5へ。現地時刻は東京より8時間遅れの午前8時5分です。なお、シートベルト着用サインが消えるまで、シートベルトはお締めのまま席でお待ちください。

本日、東京からご搭乗の乗客がいらっしゃいます。お名前はサイトウ・ユキさん。今回が初めてのイギリス旅行となります。当本はロンドンの暮らしのあれこれ、およびユキさんがこれから現地で楽しまれる経験について書かれています。ゆっくりと一瞬一瞬を味わいながらお読みください。彼女の冒険心は皆様の冒険心でもあります。

ロンドンにお住まいの方はお帰りなさい、ビジネスまたは観光でご滞在の方は素敵なお時間をお過ごしください。本日おもてなしできましたことを嬉しく思っています。またすぐに皆様にお目にかかれることを楽しみにしております。この度のご搭乗、誠にありがとうございました。素晴らしい朝をお迎えください。そして、皆様の旅の始まりにグッドラック。

CHAPTER 1

Welcome to London!

～ようこそ、ロンドンへ！～

語学留学でロンドンに到着したユキが、ホストファミリーのトニーと出会い、彼らの家へ向かいます。イギリス人の家庭でユキの新しい生活が始まります。自己紹介、家族、趣味などについて語り、様々な会話を楽しみましょう。

SCENE 01

Track-2

At Heathrow Airport.

ヒースロー空港にて

(T: トニー〔ホストファザー〕　Y: ユキ〔この物語の主人公〕)

Yuki meets her host father, Tony.

T：Excuse me. Are you Yuki?

Y：Yes, I am. Tony?

T：Yes. Nice to meet you, Yuki. Welcome to London! I'm so glad to finally meet you.

Y：Nice to meet you too, Tony. It's lovely to see you in person.① Thank you very much for picking me up② at the airport.

T：No problem. My wife, Lucy, is working today, so she couldn't come with me. However, she'll be back home in half an hour and waiting for us when we get in.

Y：I'm truly③ excited to see her.

T：She's absolutely thrilled④ too. Oh, let me help you carry your luggage,⑤ Yuki.

Y：Thank you.

Words & Phrases

① in person 「直接、じかに」

② pick someone up 「〜を迎えに行く」

③ truly 「本当に、まさに」

④ thrilled 「ワクワクしている」

⑤ luggage〔英〕「（旅行用の）荷物、スーツケース」
＊同様に baggage も使われます。

訳

ユキはホストファザーのトニーと対面します。

T：すみません。ユキですか。

Y：はい、そうです。トニーですか。

T：ええ。はじめまして、ユキ。ロンドンへようこそ！ ついにお会いできてうれしいです。

Y：はじめまして、トニー。こちらこそお目にかかれてうれしく思います。空港まで迎えに来てくださり、ありがとうございます。

T：大丈夫ですよ。あ、妻のルーシーですが、今日は仕事で一緒に来られなかったのですが、30 分で帰宅します。私たちの到着を待っています。

Y：お会いするのを本当に楽しみにしています。

T：彼女もとてもワクワクしています。あ、荷物を運ぶのを手伝いましょう、ユキ。

Y：ありがとうございます。

Track-3

ホームステイの英会話

1. I'm doing a homestay for two months in Cambridge this summer.

(今年の夏にケンブリッジで２ヶ月間ホームステイをします)

解説　do a homestay の代わりに stay with a host family（ホストファミリーと住む）を使うこともできます。ルームシェアでしたら I'm sharing a room with a student from Germany.（ドイツからの学生とルームシェアをしています）のように言えますね。

---

2. My host family are a family of three living with a lovely dog, Rover.

(私のホストファミリーは、かわいい犬のローバーと一緒に暮らす３人家族です)

解説　家族の構成員が3名の場合は a family of three と言います。three families にしてしまうと「3家族」になってしまいますのでお気をつけください。

---

3. The school introduced the host family to me.

(学校がホストファミリーを紹介してくれました)

解説　A introduce B to C は誰が誰を紹介したのか…紛らわしく感じるかもしれませんが、そのまま A が B を C に紹介したと理解すれば大丈夫です。ついつい後ろから前に訳して…などと考えてしまいそうですが、ここではその必要がないのでご安心を。

4. A friend of mine, Mariana recommended this school. She's a former student.

（友人のマリアナがこの学校を勧めてくれました。彼女は元学生なんです）

解説 formerはex-に変えて使うこともできます。formerはそのままのかたちでOKですが、ex-は接頭辞なのでハイフンが必要です。なお、my exのように名詞としても使えます。使い分けは次の通りです。

単語	品詞	用法	例	意味
former	形容詞	地位、身分 恋愛、婚姻関係	**former boss**	前の上司
ex-	接頭辞	〃	**ex-boyfriend**	元カレ
ex	名詞	〃	**my ex**	私の元カレ、 元カノ 前妻、前夫

5. Living abroad broadens your horizons.

（海外での生活は視野を広げます）

解説 broaden one's horizonsは直訳すると地平線を広げる、ここから「視野を広げる」や「見聞を深める」となります。セットフレーズなので、このまま覚えてしまうのがベストです。もうちょっと細かく見てみると、視野や見聞としてのhorizonは常に複数形になるという決まりがあります。

6. This is a small gift for you. I hope you'll like it.

（ささやかなプレゼントです。気に入っていただけるとうれしいです）

解説

日本語からの直訳で「つまらないものですが」をa boring gift for you（×）と言ってはいけません。皆さんのギフトは決して退屈でつまらないものではないのですから。ここは謙虚にa small giftで対応しましょう。また、「日本から持って来ました」はI brought this from Japan.のようにbringの過去形を使います。

今すぐ使える！

イギリスのスラング表現

cracking

（最高な）

Hope your week gets off to a cracking start!
絶好調な週の始まりになることを願っているよ！

crackingの元々の意味は「ひび割れ」ですが、スラングではgreatの意味に。a cracking startのように名詞が後に続きます。I hopeのIが省略されている口語バージョンです。

イギリス英語の語彙・文法

あいさつは不定詞と動名詞で使い分けよう

初対面のあいさつには不定詞を、別れ際のあいさつには動名詞を使います。定型表現はそっくりそのまま暗記してしまうのがいちばんです。イギリス人がよく使う lovely のバージョンもぜひ使ってみてください。

Nice to meet you. [初対面：出会ったとき]

Lovely to meet you. 〔英〕 [初対面：出会ったとき]

Nice meeting you. [初対面：別れ際]

Lovely meeting you. 〔英〕 [初対面：別れ際]

Nice to see you. [2 回目以降：出会ったとき]

Lovely to see you. 〔英〕 [2 回目以降：出会ったとき]

Nice seeing you. [2 回目以降：別れ際]

Lovely seeing you. 〔英〕 [2 回目以降：別れ際]

再会したときには Nice to see you, John! や Lovely to see you, Kate! のようにファーストネームを添えたいところ。「覚えてくれていたんですね！」と心の中でうれしく思ってくれるはず。

SCENE 02

Track-4

In the car.

車中にて

(T: トニー　Y: ユキ)

Tony asks Yuki about her flight while driving home.

T：Did you have a nice flight?

Y：Yes, it was comfortable enough. I passed the time reading, watching films① and having a chat② with a Swedish passenger sitting next to me.

T：Brilliant.③ I hope you don't have jet lag after the long journey.④

Y：I feel a little bit sleepy, but otherwise I'm totally OK.

T：Good. We should be back home in about 30 minutes. You can grab 40 winks,⑤ if you want, or enjoy watching the beautiful scenery of London as it passes by.⑥ In my opinion, early summer is the most delightful season in this country.

Y：Lovely.⑦ I feel so incredibly lucky to come to London at the best time of the year!

Words & Phrases

① film〔英〕「映画」
② have a chat〔英〕「おしゃべりをする」
③ Brilliant.〔英〕「すばらしい。」
④ journey〔英〕「旅行」
⑤ grab 40 winks「仮眠する、うたた寝をする」
⑥ pass by「通り過ぎる」
⑦ Lovely.〔英〕「すてきですね。」

訳

家に向かう途中、トニーはユキにフライトについて尋ねます。

T：いいフライトでしたか。

Y：はい、十分に快適でした。本を読んだり、映画を観たり、隣に座っていたスウェーデン人の乗客とおしゃべりしたりして時間を過ごしました。

T：すばらしい。長旅の後なので、時差ぼけがなければよいのですが。

Y：少し眠いですが、それ以外は大丈夫です。

T：よかった。あと30分ほどで家に着きますよ。仮眠をとってもいいですし、またはロンドンの美しい景色を眺めてくださいね。私の意見では、初夏はこの国で最もすてきな季節です。

Y：うれしいです。一年で最高の時期にロンドンに来ることができて、私、とてもラッキーですね！

Track-5

フライトの英会話

1. I was so nervous that I couldn't sleep a wink.

（緊張しすぎて一睡もできなかった）

解説

couldn't sleep a wink は目を閉じる間もないぐらいにまったく眠れないということ。「眠れない」を強調する慣用表現ですので、通常は否定文で用いられます。この文のかたちですが、学生時代に習った so that 構文ではないですか！　学校の英語は会話の役に立つのかしら、と考えてしまう人も多いようですが、もちろん答えはイエスです。ストックされている基本知識を最大限に活用しましょう。

---

2. I'm a little jet-lagged after the long flight.

（ロングフライトの後、少し時差ぼけがあります）

解説

jet-lagged は形容詞ですが、名詞として使うこともできます。その場合は I'm suffering from jet lag. となります。suffer from の代わりに have を使ってもかまいません。

---

3. The flight was a little bumpy.

（フライトはちょっと揺れました）

解説

波風の「大荒れ」を turbulence と言います。「タービュランス」と読むのですが、やや専門的な単語ではあります。もちろん、普段の会話で用いてもまったく問題はありませんが、もうちょっと口語的な bumpy はいかがでしょう。bumpy はでこぼこという意味で、機体のアップダウンと凸凹のイメージを重ね合わせてみてください。

4. It took a week to adjust my body clock to the time difference.

(体内時計を時差と合わせるのに 1 週間かかりました)

解説　「体内時計」の正式名称は internal body clock ですが、体内の時計はそもそも体の内側に備え付けられているものですから、特段 internal はなくてもよいのです。「時差」は英語では time difference ですので「9 時間の時差」は nine-hour time difference と言います。

5. My suitcase has been damaged.

(スーツケースが壊れています)

解説　入国審査の後、残念ながら自分のスーツケースが破損していた場合のひとことです。使わないで済むのでしたら、それに越したことはありませんが、何が起きるか分からないのが旅ですよね。また、荷物がターンテーブルから出て来ない場合は I can't seem to find my suitcase. と伝えましょう。seem to ～ は「～のようだ」ですから、客観的に事実を伝えている、いうならば控えめで丁寧な響きを持っています。係員に I can't find my suitcase! と声を荒げてしまったら、「じゃあ自分で探しなさい!」と言われることはないにしても、やはりあまり感じはよくないですよね。困るときは困るとはっきり伝えなければなりませんが、売り言葉に買い言葉はできれば避けたいもの。サバイバル英会話は問題点を明らかにして解決に向かうことを目的としていますが、こういった英語の politeness（礼儀正しさ）も覚えていきたいところです。

6. The UK is 8 hours behind Japan in the summer, but we set our clock an hour back when BST is over.

（イギリスは夏の間、日本から8時間遅れていますが、夏時間が終わると時計の針を1時間早めます）

解説

「夏時間」にはDST（Daylight Saving Time）とBST（British Summer Time）〔英〕の言い方があり、それぞれ単語の頭文字から取った略語です。イギリスでは夏時間が終わると、時計の針を1時間早めます。夕方にはすっかり暗くなってしまうため、そのようにして日照時間を確保するというわけです。

今すぐ使える！

イギリスのスラング表現

finish up

（たどり着く）

We started travelling in France and finished up in Turkey.

フランスから旅を始めて、トルコに行き着いた。

出発点と到着点が異なるという事実を伝えるだけではなく、finish upはend up（最終的にそうなった）のニュアンスを含み、「たどり着く」や「行き着く」として使われます。

イギリス英語の語彙・文法

「すごい」のバリエーションを増やそう

「すごい」には Great! のほかにも様々な表現があります。ここに取り上げているものはだいたい同じような意味で使われています。ただし wicked はかなり口語的で「サイコだー」「すげー」（おっと、失礼！）といった感じです。marvellous の -ll はイギリス式の綴りで、アメリカ式は marvelous です。

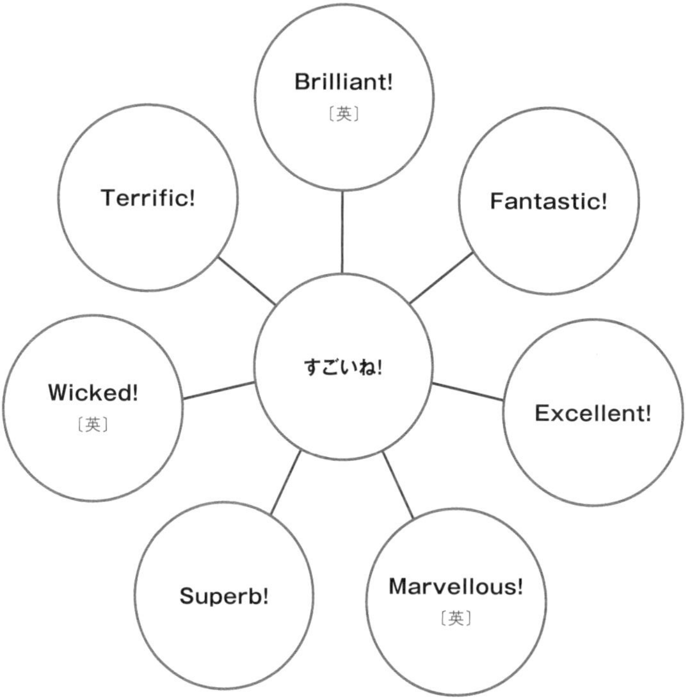

Track-6

SCENE 03

At dinner time on the first day.

初日の夕食で

（L: ルーシー〔ホストマザー〕　Y: ユキ）

Yuki introduces herself to her host family.

L：So, you were an office worker in Japan, Yuki.

Y：Yes. I worked in the sales department at a travel agency in Tokyo. I enjoyed my job but, at the same time, I was looking for a new challenge.

L：You quit your job and then decided to come to London?

Y：That's right. I want to be a tour guide when I go back. I hope to make full use of ① the experience here for my future career.

L：Excellent. As for us, Tony is an accountant ② and I'm a librarian. ③ Since we have a very busy schedule, we try to wind down at the weekend. ④

Y：What do you do in your free time?

L：We do a bit of gardening. Tony has green fingers. ⑤ And we both love going out for a stroll. ⑥ Oh, tomorrow is Saturday. Would you like to go to a nearby common ⑦ with us?

Y：I'd love to!

Words & Phrases

① make full use of 「～を最大限に活用する」

② accountant 「会計士」

③ librarian 「図書館員」

④ at the weekend〔英〕「週末に」
* アメリカでは at の代わりに on がよく使われます。

⑤ have green fingers〔英〕「園芸が得意だ」

⑥ go out for a stroll 「散歩に出かける」

⑦ common 「共有地、公有地」
* 緑豊かな common はお散歩にも最適です。

訳

ユキはホストファミリーに自己紹介をします。

L：では、ユキは日本で会社員をしていたんですね。

Y：ええ。東京の旅行代理店の営業部で働いていました。仕事は楽しかったんですが、同時に新たにチャレンジできることを探していました。

L：それで仕事を辞めて、ロンドンに来ることに決めたんですね。

Y：そうです。日本に戻ったらツアーガイドになりたいんです。ここでの経験を今後のキャリアに活かしていきたいと思っています。

L：それはすばらしい。私たちについてですが、トニーは会計士で、私は図書館員。二人共とても忙しいので、週末はリラックスするようにしています。

Y：自由時間は何をするんですか。

L：ガーデニングをちょっとしますね。トニーには園芸の才があるんですよ。あとは、散歩に出かけるのがとても好きね。あ、明日は土曜日だわ。私たちと一緒に近くのコモンに行きませんか。

Y：ぜひ！

Track-7

自己紹介の英会話①

1. It's the first time for me to come to England.

（イギリスに来るのは初めてです）

解説

comeとgoをイメトレすると、「こちらに来る」がcomeで「あちらへ行く」のがgoです。ユキはすでに現地にいるのでcomeを使っています。It's the first time to GO to England. と言ってしまったなら、ユキはすでにこちらに来ているんじゃない?とルーシーに突っ込まれてしまうかもしれません。

2. I'm on a sabbatical.

（サバティカルを使っています）

解説

sabbaticalは、勤続年数がある基準に達した従業員に与えられる長期休暇のことで、このシステムを活用して留学や放浪の旅に出る人もいます。

3. I chose to do a homestay because it's the best way to learn the British lifestyle.

（ホームステイに決めたのは、イギリスの生活スタイルを学ぶのにベストな方法だと思ったからです）

解説

I wanted to do homestayはホームステイをしたかったという希望を伝えることになります。ここでchose to do a homestayとなっているのは、寮やアパートなどの選択肢があった中で、自分はあえてホームステイを選んだということを伝えたかったからです。

4. I'm learning to communicate naturally in English.

（英語で自然にコミュニケーションが取れるようになるために学んでいます）

解説　留学の目的はなんと言っても、英語によるコミュニケーションのスキルアップですよね。なお、英語脳を養うためにとニュアンスを変えたい場合は、I'm learning to think in English to communicate more smoothly. としても OK です。

5. I have two siblings.

（きょうだいが二人います）

解説　sibling はややフォーマルな単語ですが、兄弟姉妹を問わずに使えます。つまり、家族の構成員によって a brother にも a sister にもなるのです。

6. I come from Tokyo.

（私は東京出身です）

解説　出身地の言い方には I'm from ...がありますが、同様に come from を使うこともできます。ただし、時制は常に現在形で。The sun rises in the east.（太陽は東から昇る）のように不変の事実には動詞の現在形が用いられるのです。

7. Emily grew up in a big family with five siblings. She's the second youngest.

（エミリーは五人のきょうだいのいる大家族で育ちました。彼女は下から二番目です）

解説

六人きょうだいの場合、「五男／五女」は「下から二番目（に若い）」と表現します。日本語でもそのような言い方をしますよね。しかしながら、紛らわしい部分でもありますので、六人きょうだいの場合の呼び方をまとめておきますね。

the oldest > the second oldest > the third oldest >
the third youngest > the second youngest > the youngest

長男、次男、三男、四男、五男、末っ子
または
長女、次女、三女、四女、五女、末っ子

*「四男／四女」は the fourth oldest と言うこともできます。

今すぐ使える！

イギリスのスラング表現

mint

（ステキな）

You look really mint in that blue shirt!
そのブルーのシャツが似合っていて、とてもステキ！

mint といえばハーブですが、スラングでは「ステキな」や「とてもよい」に。なお、the mint（造幣局）、make a mint（大金を稼ぐ）のように、お金にまつわる表現もあります。

イギリス英語の語彙・文法

趣味は keen on で表現しよう

keen on は「～が好きだ」という意味です。ガーデニングが趣味であれば I'm keen on gardening. のように on の後に動名詞を、または I'm a keen gardener. のように名詞を続けて使うこともできます。like や love でももちろんよいのですが、こういったイギリスらしい表現もリストに加えてみるのはいかがでしょう。

I'm keen on

- **watching British films.**（イギリス映画を観ること）
- **sunbathing.**（日光浴）
- **horse riding.**（乗馬）
- **travelling abroad.**（海外旅行）
- **playing tennis.**（テニス）

*travelling の -ll はイギリス式の綴り、アメリカ式は traveling。

keen を使った慣用表現には I'm not that keen.（乗り気がしない）や You have a keen eye for talent.（君には才能を見出す鋭い目がある）などがあります。また、keen on ＋人は異性として「(その人が) 大好きだ」という意味に。実に keen は好きなことや人、そして事柄をマルチに表現できる便利なイギリス英語なのです。

Track-8

SCENE 04

In the garden of their house.

自宅のガーデンにて

(Y: ユキ　L: ルーシー)

Yuki and her host mother, Lucy enjoy some tea and biscuits.

Y：Thank you for having me as a family member, Lucy.

L：It's an honour ① to have you here. If there's anything you need to know, just bend our ear ② anytime. We're always glad to be of help to you.

Y：How kind of you! Thank you.

L：Not at all. By the way, have you been to the UK before?

Y：No. Actually, this is my first time. I'm keen on ③ travelling but, somehow, I didn't have the opportunity.

L：If you'd like, I'm happy to help you make a list of places to visit in London.

Y：Wonderful. That would be fab. ④

L：Let's talk more about it, then. Would you like another cuppa ⑤?

Words & Phrases

① honour 「尊敬、光栄」*-our〔英〕

② bend one's ear 「(悩みや心配事などを)言う、伝える」

③ be keen on〔英〕「〜がとても好きだ」

④ fab〔英〕「すばらしい」[口語]
*fabulousを短くしたスラング。

⑤ cuppa〔英〕「一杯の紅茶」
*a cup of teaのスラング。

訳

ユキとホストマザーのルーシーは紅茶とビスケットを楽しんでいます。

Y：家族の一員として迎え入れてくれてありがとうございます、ルーシー。

L：我が家を選んでくださり、こちらこそ光栄ですよ。気になることがあったときはお伝えくださいね。いつでも喜んでお手伝いをします。

Y：なんて親切なんでしょう！ ありがとうございます。

L：どういたしまして。ところで、今までにイギリスに来たことはありますか。

Y：いいえ、実は初めてです。旅行は大好きですが、なぜかこれまでその機会がなかったんですよね。

L：もしよかったら、ロンドンの訪問リストを作るのをお手伝いいたしますよ。

Y：すばらしいわ。とてもすてき。

L：じゃあ、それについてもっと話しましょうか。紅茶のおかわりはいかがかしら?

Track-9

自己紹介の英会話②

1. I like outdoor activities, such as rambling, camping and fishing.

（野山の散策やキャンプ、釣りなどのアウトドアが好きです）

解説

もし皆さんが当方と同じくインドア派でしたら、I like indoor activities, such as reading, watching TV, drawing and taking a nap!（読書、テレビを観ること、絵画などのインドア活動が好きです。そして昼寝も！）とお伝えください。なお、rambling〔英〕は野山の散策、ハイキングに近いイメージです。

2. We spend a lot of time pottering about in the garden on Sunday.

（私たちは日曜日に、多くの時間を庭でのんびりしながら過ごします）

解説

potter about〔英〕はアメリカ英語では putter around が使われます。potter も putter ものんびり過ごすですが、putter には「（ゴルフの）パター」という意味もあります。

3. My hobbies include jogging, doing yoga and hiking.

（趣味はジョギング、ヨガ、ハイキングです）

解説

「私の趣味は～です」といえば my hobby is ...でしょ！とつっこまれそうですが、趣味や余暇の過ごし方を語るとき、ネイティブスピーカーは実によく include を使います。be 動詞よりもこなれた感があるようにも思います。皆さんもぜひ include を使って自己紹介してみてください。おすすめです。

4. I go on a long bike ride every Saturday.

（毎週土曜日、自転車で遠出をします）

解説　bikeは口語でbicycleのこと。なお、イギリスでは「自転車に乗る」はcycle〔英〕も使われますので、I cycle to work.は自転車に乗って会社へ行く、つまり「自転車通勤をする」という意味に。また、「サイクリングに行く」はgo cyclingです。

5. I'm mad about football. I'm a Manchester United supporter.

（サッカーに夢中。マンチェスター・ユナイテッドのサポーターです）

解説　「フットボールに怒り心頭！」と言っているのではありません。mad about〔英〕は「熱中している、大好きだ」、crazy aboutと同じ意味です。p67の「アメリカ英語と比べてみよう〈語彙編〉」も合わせてご覧くださいね。

6. I have a strong interest in art.

（芸術にとても興味があります）

解説　hobbyもinterestも「興味」を表しますが、ニュアンスは微妙に異なり、前者は活動そのものに、後者は活動や知識の獲得に焦点が当てられます。ですので、politics（政治）やpop culture（ポップカルチャー）など、無形の知から派生する興味や関心はinterestのほうを使います。

7. Their son belongs to a local footy club.

（彼らの息子は地元のサッカークラブに所属しています）

解説

国民的スポーツ football〔英〕を soccer と呼ぶイギリス人に未だ出会ったことがありません（私だけでしょうか…）。それほどまでに彼らは "football" に愛とプライドを捧げています。日本では soccer が一般に広く浸透していますので、次のリストの和訳はサッカーにしてありますが、必要に応じて頭の中で書き換えを行ってください。

football club（サッカークラブ）、football fan（サッカーファン）、football manager（サッカーチームの監督）、football match（サッカーの試合）、footballer（プロのサッカー選手）、football hooligan（悪名高き哉、フーリガン）、footy〔英〕〔football の口語〕

今すぐ使える！

イギリスのスラング表現

nil（ゼロ）／**ace**（すばらしい）

We beat them three nil. Ace!

ヤツらを 3 - 0 で破った。すばらしい！

nil はスポーツの得点が「ゼロ」、ace は「すばらしい」。トランプ札のエースをイメージすれば、その凄さがイメージできそうです。

イギリス英語の語彙・文法

お茶目なイギリスのスラングを覚えよう

ユキのセリフにfabがありますが、こちらはfabulous（すばらしい）を短くした口語表現です。イギリス英語には、こういった単語の短いバージョンがたくさんあります。声に出して読んでみると分かりますが、どれもかわいらしく、どこか愛嬌のある響きです。

単語	口語、読み方	意味
breakfast	**brekkie** ［ブレッキィ］	朝食
cardigan	**cardie** ［カーディ］	カーディガン
chocolate	**choccie** ［チョキィ］	チョコレート
present	**pressie** ［プレズィ］	プレゼント
sandwich	**sarnie** ［サーニィ］	サンドイッチ
vegetable	**veg** ［ヴェッジ］ **veggie** ［ヴェジィ］	野菜

*veggieには「ベジタリアン」という意味もあります。

日本でも「コンビニエンス・ストア」を「コンビニ」と呼んだりしますね！

なお、ご紹介したスラングを音読してみると「イー」の音で終わっているものが多いですよね。他にもpostman（郵便配達員）はpostie（ポスティ）、football（サッカー）はfooty（フッティ）のように枚挙にいとまがありません。やや子供っぽい響きは否めませんが、ドラマや映画などでもよく使われていますし、知っていたらやっぱりかっこいいと思います！

Track-10

SCENE 05

After the house tour.

ハウスツアーのあと

(Y: ユキ　L: ルーシー)

Yuki and Lucy are talking about house rules.

Y：Are there any house rules that I should follow?

L：Nothing much really, so don't worry. Help yourself to ① any food and drink in the fridge. Just one thing, let us know when the milk is running out. ②

Y：Milk?

L：Yes. Tony and I drink a tonne of ③ white tea every day, so many British tea lovers like us can't live without milk.

Y：Oh, I got it. Ah, I wanted to ask. Would it be OK for me to have a bath ④ in the evenings?

L：We don't really use the bathtub as often as Japanese people do. Our former ⑤ Japanese guest-student, Konomi, told us about it. And yes, just tell us when you feel like using it.

Y：Thank you. Having a shower will do, ⑥ of course, but I'll let you know when I want to use the bath.

L：That'd be super. ⑦

Words & Phrases

① help yourself to 「自分で自由に取って食べる、または飲む」

② run out 「（ものを）切らす」

③ a tonne of 「大量の」

④ have a bath〔英〕「お風呂に入る」

⑤ former「元」

⑥ will do 「～で足りる、～なしで済ます」
＊通常、will や have to を伴います。

⑦ super 「すばらしい」

訳

ユキとルーシーは家のルールについて話しています。

Y：家庭内のルールはありますか。

L：特にないので心配しないで。冷蔵庫の中の食べ物や飲み物はご自由にどうぞ。あ、一点だけ、牛乳がなくなったら教えてちょうだいね。

Y：牛乳？

L：ええ。トニーと私は毎日たくさんのミルク入りの紅茶を飲んでいるから、私たちのような紅茶が大好きなイギリス人は牛乳なしでは生きていけないの。

Y：あ、なるほど。ええと、ひとつお尋ねしたかったんですが、夜、お風呂に入ってもいいですか。

L：私たちは日本人ほど頻繁にバスタブを使わないんですよ。それについては前の日本人留学生のコノミが教えてくれました。ええ、もしそうしたいと思ったときは教えてくださいね。

Y：ありがとうございます。もちろんシャワーでもかまわないのですが、お風呂に入りたいときはお伝えします。

L：そうしていただけると、とてもありがたいわ。

Track-11

家族ルールの英会話

1. Is there a curfew? If so, what time is curfew in your house?

(門限はありますか。もしそうなら門限は何時ですか)

解説

curfewの読み方は「カーフュー」。curtain（カーテン）とcurfewの下線箇所は同じ音です。「夜間外出禁止令」のことですが、「門限」という意味としても使われます。夕食の後に友達と外出することはよくあることですので、何時ごろまでに戻ればよいか、住み始めの段階でホストファミリーと確認しておくことをお勧めします。

2. Do you mind if I bring some friends round?

(友人を家に呼んでもかまいませんか)

解説

家賃を払っているとはいえ、友人を呼ぶ場合は事前に聞いておくのが礼儀といえるでしょう。なお、Do you mind ～？の質問で、ホストファミリーがnoと言えば「いいですよ」、yesと言えば「ご遠慮ください」に。mindの疑問文は日本人の考える「はい」と「いいえ」がひっくり返ります。こんがらがるし、戸惑うし！

No. = No, we don't mind.（はい、かまいませんよ、どうぞ）
Yes. = Yes, we mind.（いいえ、ご遠慮ください）

なお、bring round〔英〕は～に（人を）連れて来るから派生し「家に招く」や「招待する」という意味に。イギリスではaroundの代わりにroundがよく使われます。

3. How late could I have a shower?

(どれくらい遅くまでシャワーを使っていいですか)

解説 how long や how much は使い慣れた表現ですが、how と late はなかなか思いつきにくい組み合わせではないでしょうか。また、例文ではシャワーを使うことを have a shower〔英〕と言っていますが、アメリカ英語では have が take になります。

4. Is it all right to keep my food and drink in the fridge?

(自分の食べ物やドリンクを冷蔵庫に入れてもいいですか)

解説 イギリスの街角で誰かが使っているであろう all right〔英〕。「ありがとう」と言われて All right.、「ごめんなさい」と言われて All right.、「いいかな?」と許可を仰いで All right.、お礼、謝り、許可など、どんな場面でも使えるマルチな All right. です。出会い頭に Are you all right? と言われたら「you、大丈夫?」じゃなくて「you、元気かい?」のあいさつに。

5. Can I use a washing machine twice a week?

(週に２回、洗濯機を使ってもいいですか)

解説 許可を得る際には Can I ～?、もうちょっと丁寧に伝えたいときは Could I ～? がよいでしょう。洗濯をするは wash my clothes ですが、do the laundry〔英〕もよく使われます。

6. I'll have a parcel delivered from Japan. Could you sign for it for me?

（日本から小包が届くと思います。代わりにサインをしておいてもらえますか）

解説

parcel〔英〕（小包）のアメリカ英語は package です。なお、A parcel will be delivered from Japan. としてもよいのですが、例文の have +モノ+過去分詞はネイティブスピーカーが好んで使うかたちです。日常会話では、主語はモノよりも人にしたほうがよりナチュラルに響くのです。

今すぐ使える！

イギリスのスラング表現

all over the shop

（散らかって）

Your room is all over the shop.
You should learn how to tidy up.

キミの部屋、すごく散らかっているね。片づけ術を身につけるべきだよ。

お店（shop）とは特に関連のないフレーズで、部屋であれば「ぐちゃぐちゃ」、気持ちであれば「大混乱」という意味に。

イギリス英語の語彙・文法

マルチな have を使いこなそう

お風呂に入る、シャワーを浴びるなどの日々のルーティーンには、イギリスでは have を使うことが多いのです。take a bath や take a shower でももちろん通じますが、どちらかというとアメリカ的な用法です。では、どのようなフレーズがあるか見てみましょう。

have

- **a bath**（お風呂に入る）
- **a shower**（シャワーを浴びる）
- **a walk**（散歩する）
- **a break**（休憩する）
- **a drink**（お酒を飲む）
- **a haircut**（ヘアカットをする）

他にも have a sleep や have a swim がありますが、「ちょっと〜してみる」といったニュアンスを含みます。前者は「ちょっと寝る」、後者は「ちょっと泳いでみる」です。

SCENE 06

Track-12

Around noon at the weekend.

週末のお昼に

(Y: ユキ　T: トニー)

Yuki and Tony are preparing lunch together.

T：Do you have any food allergies ① ?

Y：Not in particular, but I tend to have an upset stomach ② after having peanut butter, so I usually avoid it.

T：OK. I'll tell Lucy. We keep a jar of marmalade in the fridge. You can have it for breakfast.

Y：Thank you. Actually, marmalade ③ is my favourite! ④

T：Perfect. Our marmalade is homemade. Lucy's got a secret recipe, and she's jolly ⑤ good at making it.

Y：How amazing! I sometimes make marmalade sandwiches using a recipe ⑥ of Aunt Lucy ⑦ from "Paddington".

T：That's nice. Shop-bought ⑧ jams are yummy, ⑨ but if you can make some on your own, and if it's more organic, why not? Well, both Lucies are keen jam-makers, I think!

Y：Sounds like it, Tony.

Words & Phrases

① food allergy 「食品アレルギー」

② have an upset stomach 「お腹の調子が悪い」

③ marmalade 「マーマレード」＊英語では jam は特につけません。

④ fav<u>our</u>ite「お気に入りの」＊-our〔英〕

⑤ jolly〔英〕「すてきな」

⑥ recipe 「レシピ」

⑦ Aunt Lucy〔英〕「ルーシーおばさん」
＊熊のパディントンの育ての親、マーマレード作りの達人でもあります。

⑧ shop-bought 「ショップで購入した」

⑨ yummy 「おいしい」

訳

ユキとトニーはランチの準備をしています。

T：食物アレルギーはありますか。

Y：特にありませんが、ピーナッツバターを食べるとお腹の調子が悪くなるので、普段は避けるようにしています。

T：OK、ルーシーに伝えておきましょう。マーマレードのジャム瓶が冷蔵庫に入っていますから、朝食に食べてくださいね。

Y：ありがとうございます。実は、マーマレードが大好きなんです。

T：すばらしい。我が家のマーマレードは自家製ですよ。ルーシーには秘密のレシピがあって、ジャム作りがとても上手なんです。

Y：すごい！ 私はパディントンに出てくるルーシーおばさんのレシピでマーマレードサンドイッチを作ることもあります。

T：それはいいですね。市販のジャムもおいしいけれど、自分で作ることができて、さらにオーガニックであれば、それに越したことはないですよ。それにしても、ルーシーはジャム作りの達人のようだね。

Y：そのようですね、トニー。

食事の英会話

1. I'm allergic to crabs and prawns.

（私はカニとエビにアレルギーがあります）

解説

prawn〔英〕といえば「中型のエビ」のこと。甲殻類にアレルギーがある場合は shellfish を使います。アレルギーを誘発する食品には eggs（たまご）、milk（牛乳）、dairy（乳製品）、soy（大豆）、wheat（麦類）などもありますね。イギリスではパッケージに食品成分が細かく印刷されているので、しっかりと確認することができます。次は食品以外のアレルギーについての説明に使える表現です。

I have [　　　].

hay fever（花粉アレルギー）/ pet allergies（ペットアレルギー）

cat allergies（ネコアレルギー）/ dog allergies（犬アレルギー）

---

2. Dinner is almost ready. Will you lay the table, please?

（もうすぐディナーですよ。テーブルのセッティングをしてくれますか）

解説

lay the table〔英〕の lay の部分を set に変えても OK です。

---

3. Let's make a salad with some fresh veg from the fridge.

（冷蔵庫の新鮮なお野菜でサラダを作りましょう）

解説

veg〔英〕は vegetable（野菜）のスラング表現です。「ヴェッジ」と読みます。ほかにも veggie（ヴェジィ）という呼び名もあります。p47 にも出てきましたね。

4. No red meat, my family are pescatarians.

（赤身肉なしの我が家はペスカタリアンです）

解説 pescatarian は肉は口にしないけれども魚介類は食べる菜食主義者のこと。魚介スパゲッティの「ペスカトーレ」からイメージしやすいのではないでしょうか。

5. I've forgotten where I put the clingfilm.

（ラップをどこに置いたか忘れちゃった）

解説 「食品ラップ」は clingfilm〔英〕、アメリカ英語では plastic wrap。このように英米では異なる単語がいろいろとありますので、次の表で確認してみましょう。

	イギリス英語	アメリカ英語
食器棚	cupboard	cabinet
缶詰	tin	can
水道の蛇口	tap	faucet
ゴミ	rubbish	garbage
果物の種	stone	pit
セロテープ	sellotape	scotch tape
調理レンジ	cooker	stove

cupboard は p を読み飛ばして「カッバード」。スピードがつくと「カッバーッ」くらいにしか聞こえません。食器棚（カップボード）のつもりで聞き取ろうとすると完全に頭が混乱してしまう、難易度高めの単語です。

6. I'm going out to eat with my friends tonight, so don't worry about dinner for me.

（今夜は友達と外食なので、夕食のことは気にしないでください）

解説

Don't worry about dinner. とDon't worry about dinner for me. では若干ニュアンスが異なります。前者は「夕食の心配は要りません」、後者は「夕食は要りません」。和訳だけ読むと前者も使えそうですが、「私が作ってあげますから心配しないで」と解釈されかねません。そこでfor meが必要になってくるんですね。友人と出かけると言っていますから誤解されることはないでしょうが、つい直訳で考えてしまうと、伝えたいように伝わらないことも多々ありです（なんとももどかしい!）。やはり、英語を英語で考える脳を養いたいですね。

今すぐ使える!

イギリスのスラング表現

stodgy

（〔食べ物が〕胃にもたれる）

The fruit cake was really stodgy, so I'll pass next time.

あのフルーツケーキですごく胃がもたれちゃって、次回はパスするわ。

richな食べ物は「こってりしていておいしい」ですが、stodgyは「重くてつらい」状態です。“胃もたれストジィ”と覚えてください。

イギリス英語の語彙・文法

家事や作業は do を使って言ってみよう

wash the dishes（お皿を洗う）は do the dishes と言うこともできますよ。そして、イギリスではこの do + the 名詞のセットフレーズがひとつの定番となっております。p53 の have と同じく日々のルーティーンや作業にまつわるものが多いのですが、ここでは家事のフレーズをピックアップいたしますね。

do
- **the dishes**（皿を洗う）
- **the laundry**（洗濯をする）
- **the ironing**（アイロンがけをする）
- **the cooking**（料理をする）
- **the windows**（窓ふきをする）
- **the living room**（リビングを掃除する）

イギリスでは「お皿を洗う」の意味で do the washing-up〔英〕もよく使われます。同様に「洗濯をする」は do the washing〔英〕とも。ちなみに do one's hair（髪を整える）というフレーズもあります。It takes me 15 minutes to do my hair every morning. は「毎朝 15 分かけて髪の毛を整える」です。

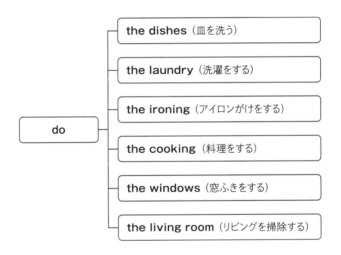

CHAPTER 2

Studying at the language school

～語学スクールで学ぶ～

ユキが通う語学スクールにはいろいろな国から留学生が来ています。ジャンポール、アン、メメットと知り合い、教室、学食、学校のガーデン、地元のパブなどで、ユキは彼らと語り、学生生活を楽しみます。

SCENE 07

Track-14

The first day of school.

登校初日

(J: ジャンポール〔クラスメート〕 Y: ユキ)

Jean-Paul, sitting next to her breaks the ice.

J：Hi. I'm Jean-Paul. I'm from France.

Y：Hello. I'm Yuki. I come from Japan.

J：I suppose ① you're a new student, right?

Y：Yes. I arrived in London last Friday and today is my first day at school. I'm a little bit nervous.

J：Don't worry. I started taking lessons a week ago, and this school is amazing. It's a perfect place to study. I'm sure you'll have a lovely time.

Y：I signed up this morning, and the school clerk was so kind. There was a cosy ② and welcoming atmosphere. ③

J：Yeah, Nancy is super- ④ friendly. You know what, they sometimes throw a party for students, and teachers take us to a local pub.

Y：Wow, how exciting!

J：Yep! Oh, Harry's just come in. Nice talking to you, Yuki. Catch you later. ⑤

Words & Phrases

① suppose 「〜だと思う」
② cosy〔英〕「居心地のよい」＊アメリカ式の綴りは cozy です。
③ welcoming atmosphere 「人を温かく迎える雰囲気、歓迎ムード」
④ super- 「とても」＊接頭辞です。
⑤ Catch you later. 「またあとで。」

訳

ユキの隣に座っているジャンポールが声をかけます。

J: やあ。ジャンポールです。フランス出身です。

Y: こんにちは。ユキです。日本から来ました。

J: 新入生だよね。

Y: ええ。先週の金曜日にロンドンに着いて、今日が登校初日なの。ちょっと緊張していて。

J: 大丈夫。僕も1週間前にレッスンを受け始めたけれど、この学校はすばらしいよ。勉強をするには最高の場所。きっとすてきな時間を過ごせるはず。

Y: 今朝、手続きをしたんだけど、事務スタッフの方はとても親切だったわ。くつろいだ感じでアットホームな雰囲気だったな。

J: ああ、ナンシーはとってもフレンドリーだよね。知ってたかな、スクールの主催でパーティーが開かれることもあるし、先生が学生を地元のパブに連れて行ってくれたりすることもあるんだよ。

Y: わー、そうなの。ワクワクする！

J: うん！　あ、ハリーがちょうど入って来た。お話できてよかった、ユキ。またあとでね。

Track-15

スクールの英会話①

1. The new term lasts up until July.

（新学期は7月まで続きます）

解説　term〔英〕は「学期」のことで、アメリカ英語ではsemesterです。「学期中」はin term timeと言います。

---

2. Can I change classes when I improve my English skills?

（英語力が上達したら、クラスの変更はできますか）

解説　「初級クラスから中級クラスへ」のように、2つのクラスの交換が行われるのでclassesと複数形にします。同様に、「転職する」（change jobs）、「電車を乗り換える」（change trains）も名詞は複数形です。

---

3. Our headteacher is a very caring person.

（当校の校長はとても思いやりのある人です）

解説　イギリスでは「校長」はheadteacher（またはhead teacher）〔英〕のほか、headmaster〔英〕（男性）やheadmistress〔英〕（女性）という呼び方もしますが、principalはあまり使われません。なお、schoolmaster〔英〕は「（私立学校の）男性教師」のことです。

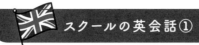

4. I want to take a class where there isn't anybody from Japan. Otherwise, I might end up using only Japanese.

(日本人のいないクラスで授業を受けたいです。そうしないと、日本語ばかりを使ってしまうかもしれないので)

解説

留学生の悩みのひとつに、日本人と一緒だと英語を使う機会が減ってしまうのではというのがあるのではないでしょうか（もちろん、永遠の友と出会うこともあります！）。学校側に希望を伝えることは可能ですから、これでいいのかなと感じたら、迷わずスクールスタッフに相談しましょう。なお、end up ですが「自分の意思とは別に、結局はそうなってしまう」ということ。up の次には動名詞を持ってきます。

5. Who should I consult?

(誰に相談すればよいですか)

解説

ask でももちろんよいのですが、「専門的なアドバイスや助言を求める」という意味で consult を使うこともできます。ややフォーマルな単語ですが、こういった上級レベルの単語も使いこなしていきたいですね。他にも「買う」は buy ですが、「購入する」は purchase と言います。なお，purchase は比較的値段が高いものを購入するときに使われる単語です。

初級～中級		中級～上級	
ask	尋ねる	consult	助言を求める
buy	買う	purchase	購入する

6. How did you get to know about this language school?

（この語学学校を知ったきっかけは何ですか）

解説

「get to +動詞」には、ある状態から次の段階に移行するイメージがあり、徐々にそうなることが前提なのです。ですから、動詞の箇所にはknow, understand, like, feel, loveなどの状態動詞（感情や感覚、存在や所有などの状態や様子を表す動詞）が入ります。get to know about this language schoolも段階的に見れば、“留学をしたい…ネットで情報検索…留学経験のある先輩にメール…学校に問い合わせた…ここに決めた！”のように、決心から決定まで一連の流れがあるわけです。how did you knowでも通じますが、きっかけのニュアンスを含めたいならget to knowがおすすめです。

今すぐ使える！

イギリスのスラング表現

bunk off

（サボる）

We were such naughty teens and used to bunk off school often.

僕たちは生意気なティーンで、よく学校をサボっていた。

bunkには「（船舶や列車の）寝台」という意味があります。bunk offは「その場から離れて行く」とイメージしてみてください。

イギリス英語の語彙・文法

アメリカ英語と比べてみよう ＜語彙編＞

英米では同じ単語がまったく違う意味で使われることがあります。イギリス人が mad about football と言えばサッカーに夢中になっているということで、決してお気に入りのチームに声を荒げているのではありません。アメリカ英語の crazy about にあたるというわけです。また、mad には「おバカな」「どうかしている」というおもしろい使い方もあります。

単語	イギリス英語の意味	アメリカ英語の意味
homely	**Jane is a caring, homely person.** ジェーンは、気遣いのできる家庭的な女性です。	**Jane is a rather unattractive, homely person.** ジェーンは、どちらかというと魅力のない、器量にかける女性です。
smart	**You look smart in the blue suit.** ブルーのスーツが似合ってかっこいい。	**The smart kid skipped a year in school.** 賢いその児童は飛び級をした。
mad	**You turned down the offer? Are you mad?** その申し入れを断ったの？ どうかしているよ、気は確か？	**Are you still mad at me? Forgive me, OK?** まだ怒っているの？　許してね、いいでしょう？

アメリカ英語の意味をイギリス英語に書き換えるとすると、（上から）a homely person → a plain person / the smart kid → the clever kid / mad at me → angry with me です。イギリスでも mad は「怒る」という意味で使われますが、その場合は mad with me です。

SCENE 08

Track-16

In the canteen.

学食で

(A: アン〔スクールの学生〕 Y: ユキ)

Yuki is having a sandwich and a student approaches her.

A：Can I sit here?

Y：Of course. Hi. I'm Yuki.

A：Hi. I'm Anne. I come from Belgium. ① I've been studying here for about a month. May I ask which course you're taking?

Y：Sure. I'm a full-time student, and I signed up ② for the regular course, which means I take three classes a day. Two lessons in the morning, and another one in the afternoon.

A：Brilliant. I only study in the morning. My boyfriend, Matt, is British, so we spend as much time as possible together. My stay in London is half holiday ③ and half study.

Y：How wonderful, Anne. By the way, who are your teachers?

A：Janet, Nancy and Malcolm. Malcolm is so hilarious ④ – we always laugh at his jokes.

Y：I take his classes too, so I know. I love it when he plays the guitar and sings.

A：Ah,the famous Beatles parody songs, right? Yuki … your sandwich looks so yummy. Where did you get it?

Words & Phrases

① Belgium 「ベルギー」 *「ベルジェム」のように読みます。

② sign up 「申し込む」

③ holiday〔英〕「休暇」

④ hilarious 「(大笑いしてしまうほどに) 愉快な」

※ canteen〔英〕「学食、カフェテリア」

訳

ユキがサンドイッチを食べていると、ある学生が近づいてきます。

A: ここに座ってもいい?

Y: もちろん、どうぞ。こんにちは。ユキです。

A: こんにちは。アンです。ベルギーから来ました。この学校で1ヶ月ほど勉強をしているわ。受講しているコースを聞いてもいいかしら?

Y: ええ。私はフルタイムの学生で、一般コースに申し込みをしたの。つまり、1日に3クラスを受けているということ。午前に2クラス、そして午後にもう1クラス。

A: すばらしいわ。私は勉強しているのは午前中だけ。ボーイフレンドのマットはイギリス人で、できるだけ多くの時間を一緒に過ごすようにしているの。私のロンドンステイの半分は休暇、半分は勉強といったところね。

Y: すてきだわ、アン。ところで、先生は誰?

A: ジャネット、ナンシー、マルコムよ。マルコムはとってもおもしろくて、みんな彼のジョークにいつも笑い転げているわ。

Y: 私も彼の授業を受けているから、よく分かる。先生のギターの弾き語りが大のお気に入り。

A: ああ、例のビートルズのパロディソングのことよね。ユキ、とてもおいしそうなサンドイッチだけど、どこで買ったの?

Track-17

スクールの英会話②

1. Natalie lives with an English family and works as an au pair.

（ナタリーはイギリス人の家族と生活しながら、オペアとして働いています）

解説　日本ではあまり耳にすることのない au pair（オペア）ですが、外国人の家庭に住み込み、ベビーシッターなどのアルバイトをしながら語学を学ぶ若者のことです。特にヨーロッパ諸国からやって来た学生がオペアとして英語を学んでいます。

---

2. Next Monday is a bank holiday.

（来週の月曜日は祝日です）

解説　「祝日」は銀行が閉まっているため bank holiday〔英〕と呼ばれています。金曜日または月曜日がらみの「三連休」は bank holiday weekend〔英〕です。間違えて休校日に登校してしまわぬよう！

---

3. My journey to school takes about 20 minutes.

（通学に 20 分ほどかかります）

解説　journey〔英〕はトリッキーな単語です。日本人の耳には旅行としてなじみがありますが、「通勤」や「通学」としても用います。journey to school を学校への旅行と勘違いする人はいないでしょうが、やはり慣れていないと不自然な感じがするかもしれません。皆さんの耳にはどのように響きますか。

4. Jim is studying joinery at technical college.

（ジムは専門学校で建具の勉強をしています）

解説　joinery〔英〕は「建具職」のこと。carpentry（大工）という単語もあります。また、technical college〔英〕（専門学校、技術学校）はイギリス英語で、アメリカではvocational schoolがよく使われます。

5. I practise speaking English in chit-chat with my classmates.

（クラスメートとおしゃべりしながら英語の会話練習をしています）

解説　chit-chat〔英〕は「たわいのない会話や雑談」のこと。「チットチャット」と読みますが、スピードがつくと「チッチャッ」に。practise〔英〕（練習する）の -se はイギリス式の綴り。

6. I plan to continue to study here for a few more weeks before taking a holiday.

（休暇に入る前に、もう数週間ここで勉強を続ける予定です）

解説　クリスマスが近くなると、ヨーロッパの学生たちの多くは国に帰ってしまいますが、日本人の場合はそのままイギリスに残るか、the Continent（ヨーロッパ大陸）の旅をするかというパターンが選択肢にあると思います。また、語学学校は修了時期も生徒によってまちまちなので、ホリデーが近くなってくると、When are you finishing the course?（コースはいつ終えるの?）もよく耳にします。友人とギリギリまで時間を過ごせるよう、自分の予定をきちんと伝えられるようにしておきましょう。

7. When should we hand in the assignment?

（いつ課題を提出する必要がありますか）

解説

hand in〔英〕は文字通り、「書類などを手渡しをする」こと。アメリカ英語は turn in です。

8. I finally passed the exam. It's third time lucky!

（やっと試験に合格できた。まさに３度目の正直だよ!）

解説

third time lucky は「3 度目の正直」がまさにぴったりの表現です。ちなみに、Everything that happens twice will surely happen a third time.（二度あることは三度ある）という成句もあります。できればラッキーな結果で終わりたいものですが、試験の成果によって使い分けのほどを。

今すぐ使える！

イギリスのスラング表現

peg away

（頑張る）

Jun pegged away at his studies and was admitted to the uni.

ジュンは学業に精を出し、大学に合格した。

peg の意味は「杭で固定する」「ネジで締める」。ここから peg away は「地盤固めを行う」とイメージし、結果を出すために「頑張る」「真剣に取り組む」となります。

イギリス英語の語彙・文法

「おもしろい」はfunnyだけじゃない

「おもしろい」といえばfunnyが代表格ですが、いえいえ、それだけではありません。ぜひともバリエーションを増やしましょう。大笑いすると息がたくさん放出されるからでしょうか、h（ハハハのハ）で始まる単語が多いですね。humorousは「ヒューマラス」、hilariousは「ヒラリアス」、hystericalは「ヒステリカル」と読みます。下線部分を強く言いましょう。amusingはもうちょっとお上品な単語で、フォーマルな場面や書き言葉で用いられます。

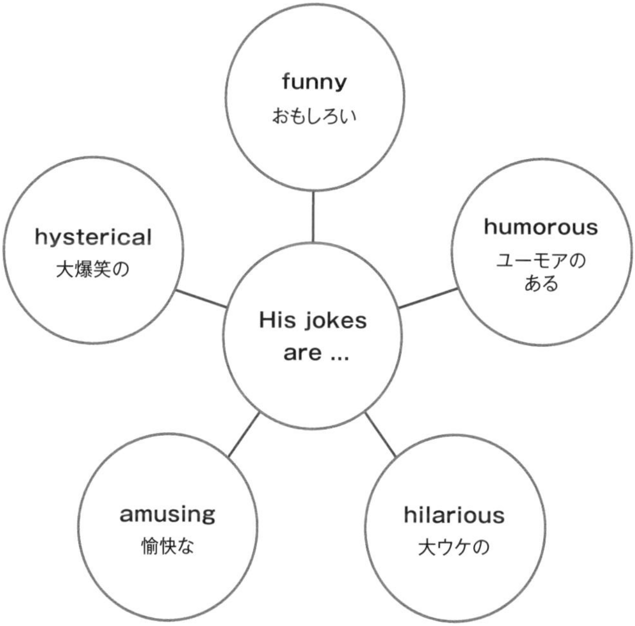

なお、「ユーモア」の綴りは英米で異なり、イギリス式はhumour〔英〕、アメリカ式はhumor。読み方はどちらも「ヒューマー」です。

SCENE 09

Track-18

In class now.

授業中に

(H: ハリー〔教師〕 Y: ユキ)

Yuki's teacher, Harry asks everyone a question.

H：Has anybody got ① the answer for Question 5?

Y：(Yuki raises her hand.) I think the answer is "advertisement ② ".

H：Good, Yuki. That is correct. Well, in the UK, we usually pronounce it advertisement. Advertisement is an American pronunciation.

Y：Oh, I didn't know that. Are there any other examples?

H：Yes. Debut, ③ laboratory ④ and schedule. Those words are pronounced ⑤ debut, laboratory and schedule in the U.S.

Y：Is it possible for British and American people to understand each other with different accents?

H：I would say yes. Both accents are perfectly fine and are becoming more and more interchangeable. ⑥ However, it will be good practice to learn British English while you're in the UK.

Y：That's right. OK, Harry, so the answer for Question 5 is "advertisement"!

Words & Phrases

① have got〔英〕「持っている」
* イギリスでは have の代わりに have got がよく使われます。

② advertisement〔英〕「広告」

③ debut「デビュー」

④ laboratory「研究所」

⑤ pronounce「発音する」

⑥ interchangeable「交換可能な」

訳

ユキの教師ハリーが全員に質問をします。

H: 質問5の答えがわかる人はいますか。

Y: （ユキが手を挙げる）答えは「広告」だと思います。

H: そうだね、ユキ。正解です。実は、イギリスでは advertisement はたいてい「アドヴァーティズメント」と発音するんです。「アドバタィズメント」はアメリカ式の読み方なんです。

Y: まあ、それは知りませんでした。ほかの例はありますか。

H: ありますよ。「デビュー」「ラボラトリー」「シェジュール」かな。アメリカ英語では「デビュー」「ラボラトリー」「スケジュール」と発音しますね。

Y: 英米人が違うアクセントで会話をしても、お互い言っていることはちゃんと理解できるんでしょうか。

H: 大丈夫だと思いますよ。どちらのアクセントであってもまったく問題はないですし、英米の英語は以前にも増して交換可能になっていると言えるんじゃないかな。だけど、イギリスにいる間はイギリス英語で学ぶというのもよい練習になると思いますよ。

Y: そうですね。OK、ハリー、では5番の解答は「アドヴァーティズメント」です！

注：下線部分を強く読みます。

Track-19

授業の英会話①

1. Please correct my English if it sounds awkward.

（私の英語が不自然に聞こえたら直してください）

解説

ついつい strange を使いたくなってしまいますが、これだと「奇妙なら」になってしまいます。awkward は拙さやぎこちなさを表しますので、awkward のほうがニュアンス的にもしっくりくると思います。次の3単語は“変わっている”を表す形容詞の3パターンです。

bizarre ＞ weird ＞ strange
（かなり変な－とても変な－変な）

bizarre は「ビザー」、weird は「ウィアード」。どちらも下線部分に強いアクセントがあります。

---

2. The word, “monarch” was on the tip of my tongue.

（「monarch（君主）」という単語が喉まで出かかった）

解説

on the tip of one’s tongue は、舌の先まで出かかったけれど、そこでピッタリと止まってしまった。要は「言えなかった」ということ。日本語では喉元までしか来ませんが、英語はとりあえず舌先までは来るようです。

3. Let's work on the question together.

（一緒に問題を解きましょう）

解説　問題を「解く」には solve がありますが、困難な事柄を解決する、難解な数式、謎を解くというようにハンドリングが難しい場面で使われます。ここではクラスメートと一緒に課題を解くと言っていますので、取りかかるの work on がよいでしょう。

4. I forgot to bring my textbook. Can I share yours a bit?

（教科書を持って来るのを忘れちゃった。ちょっと見せてもらってもいい?）

解説　a bit があることで、「悪いけど…ちょっと見せてもらえるかな?」という謙虚なニュアンスに。小さい単語ではありますが大切な意味を与えていますね。

5. I'll look up this word in my dictionary. Wait a sec.

（この単語を辞書で調べるね。少し待って）

解説　look into なのか look up なのかで迷いそうですが、前者は「捜査する」、つまり investigate と同義です。事件の捜査は捜査官にお任せするとして、授業では look up のほうを使ってください。

6. How do you pronounce this word?

（この言葉はどうやって発音しますか）

解説

授業中で幾度となく使うセンテンスです。pronounceの読み方は「プロナウンス」。単語の発音や読み方に自信がない場合はうやむやにせず、担当の教師やホストファミリーと確認することを忘れずに。

また、留学中に活躍するのがHow do you pronounce your name? です。語学学校には様々な国の学生が在籍していますので、お互いの名前が聞き慣れないというのはよくあること。ちなみに、Yukiの前にホームステイをしていたKonomiは、自分の名前の読み方を“economy（経済）のKonomi（コノミィ）”と教えていたに違いありません。と言うのも実はこれ、当方の友人の実話なのです。

今すぐ使える！

イギリスのスラング表現

all hands to the pump

（一丸となって取り組む）

With only an hour to get everything ready, it was all hands to the pump.

準備完了までに１時間しかない中、全員一丸となって取り組んだ。

handsは「船の乗組員」のこと。沈没しかけている船舶から水を汲み出すための号令が由来と言われています。all hands on deck（全員、看板へ集合せよ）という表現もあります。

イギリス英語の語彙・文法

アメリカ英語と比べてみよう ＜発音編＞

ストリーミング配信の普及などにより、イギリスでも日常的にアメリカのドラマや映画にアクセスすることができるようになりました。言い換えると、たくさんのアメリカ英語が流入しているということでもあります。当方の現地の友人はadvertisementをアメリカ式に読みます。しかしながら、だからと言って「イギリス式」がなくなってしまったわけではありません。そして、この本を読んでいる皆さんは、その違いをちゃんと把握しておきたいはず！

単語	イギリス式の読み方	アメリカ式の読み方
adult（大人）	アダゥト	アダゥト
privacy（プライバシー）	プリヴァスィ	プラィヴァスィ
schedule（スケジュール）	シェジュール	スケジュール
tomato（トマト）	トマートゥ	トメィロゥ
vitamin（ビタミン）	ヴィタミン	ヴァィタミン
zebra（シマウマ）	ゼーブラ	ズィーブラ

赤い箇所に強いアクセントがきます。なお、ad（広告）もよく使われるので、英米式に混乱してしまったら、短いバージョンの一択でどうぞ。Good news!

Track-20

SCENE 10

In the reading class.

読解クラスにて

(H: ハリー　Y: ユキ)

The topic is Shakespeare① and his masterpieces.②

H：Shakespeare was born in 1564 and as everyone knows, he is regarded the greatest of all English writers. Do you know some of his works?

Y：Yes. *Romeo and Juliet*. I watched the film a couple of times. Each time it makes me want to cry, but I think it's a great story. This type of play is called a "tragedy③", ah, am I correct?

H：You're right, Yuki. Many of his famous plays include the tragedies: *Romeo and Juliet*, of course, *Hamlet*, *Othello* and so on. Shakespeare created many comedies④ too such as *Twelfth Night* and *As You Like it*. Needless to say, he's had a great influence⑤ on English literature,⑥ and many of the phrases⑦ in his plays are still used today.

(Harry shows students a slide and asks them a question.)

H：Are you familiar with⑧ those phrases? OK, work in pairs and discuss what they mean.

Words & Phrases

① (William) Shakespeare〔英〕「ウィリアム・シェークスピア」
② masterpiece 「傑作、名作」
③ tragedy 「悲劇」
④ comedy 「喜劇」
⑤ influence 「影響」
⑥ literature 「文学」
⑦ phrase 「フレーズ、(短い) 言い回し」
⑧ be familiar with 「なじみの、よく知っている」

訳

テーマはシェイクスピアとその作品についてです。

H: シェイクスピアは1564年に誕生し、誰もがご存知のように、数多くの偉業を成し遂げたイギリス人作家です。作品をいくつか知っていますか。

Y: はい。『ロミオとジュリエット』。映画を観るたびに泣きたくなってしまいますが、とてもいい物語だと思います。このような戯曲を「悲劇」と言うのでしょうか。合っていますか?

H: 合っていますよ、ユキ。彼の有名な戯曲の中には『ロミオとジュリエット』のほかにも、もちろん『ハムレット』や『オセロ』などのたくさんの悲劇が含まれています。シェイクスピアは『十二夜』や『お気に召すまま』など多くの喜劇も生み出しました。言うまでもなく、英文学に多大な影響を与えており、彼の戯曲のフレーズの多くは今でも使われています。

(ハリーは生徒にスライドを見せて質問をする)

H: これらの表現は知っているかな。では、ペアを組みフレーズの意味を話し合いましょう。

Track-21

授業の英会話②

1. Where are we now?

（今、ページのどこ?）

解説 授業中、ページがどこまで進んでいるのかを確認するときのフレーズです。文字通りには「今どこ?」ですが、決して自分の居場所がわからなくなってしまった訳ではありません！

2. Tick the box and write down the answer in the brackets.

（□にチェックをして、カッコに答えを記入しなさい）

解説 tick〔英〕は「チェックする」、bracket〔英〕は「カッコ」のことですが、特に丸カッコを指す単語です。どちらもイギリス英語で、アメリカでは異なる単語を用います。

	チェックする	丸カッコ
記号	✓	（　）
イギリス英語	tick	brackets
アメリカ英語	check	parentheses

（　）でワンセットなので、「丸カッコ」の単語は英米問わず複数形です。日本語でも「チェックする」と言いますので、アメリカ式の方がしっくりくるかもしれませんが、この機会に tick も知識の引き出しにストックしておきましょう。そして、どんどん活用してください。なお、「パレンセスィス」はレを強く読み、スは th の音。舌先をちょっとだけ噛んで発声する"ス"。まるで早口言葉のようですね。一方、イギリス英語では「ブラケッツ」、これなら楽々です。

3. By when should we hand in the assignment?

(いつまでに課題を提出しなければなりませんか)

解説　untilとbyは期間と期限を示す単語ですが、使い分けにはちょっとしたコツが必要ですので、ふたつの違いをチャートにまとめておきます。

単語	意味	ポイント	例	視点
until	まで	期間を表す	I'll be staying in London until the end of September. 9月末までロンドンに滞在します。	「今」から「9月末」までという時間の長さに視点が置かれている。
by	までに	期限を表す	I have to renew my passport by the end of September. 9月末までにパスポートを更新しなければならない。	「9月末」という終点に視点が置かれている。

日本語に訳してみて「まで」であればuntil、「までに」であればbyと覚えてしまいましょう。「に」のあるなしが使い分けのポイントです。

4. I feel like I've hit a wall.

(壁にぶち当たってしまったようだ)

解説　日本語でも、スランプに陥ることを「壁にぶつかる」と言いますので、イメージしやすいのではないでしょうか。なお、同じ「壁」でも言語の壁はlanguage barriers、壁に耳ありはWalls have ears.“誰かが聞き耳を立てている”ということですが、英語でも壁自体が耳に。

5. I watch BBC programmes without subtitles to develop a good ear for English listening.

（英語の耳を養うために、BBC の番組を字幕なしで観ます）

解説

英語学習で痛感させられるのが、ネイティブスピーカーの話すスピードの速さではないでしょうか。リスニング力を鍛える（developing a good ear for English listening）には、教科書だけではなくリアルな教材（レアリア、生教材）を活用することが大切です。イギリス英語の音声は、時にアップダウンが激しい、時に子音や母音が飛ばされる、そして多くの場合、カキカキした超音速で話される－という特徴がありますので、聞き取りは想像以上に難しいのです。例文では「字幕なし」とありますが、もちろん「英語の字幕をオン」にして観るのもいい訓練になります。なお、programme〔英〕はイギリス式の綴りで、アメリカ式は program です。

今すぐ使える！

イギリスのスラング表現

do my head in

（イライラさせる）

Turn that noise down. I'm studying. It's doing my head in!

音量を下げてよ。勉強中なの。気がヘンになりそう！

何かが頭の中に入り込んで、イライラさせられている状態。例文の that noise はテレビや音楽の音量のことですが、勉強中の話者はそれをノイズ（雑音）だと感じています。

イギリス英語の語彙・文法

シェークスピアから学ぶフレーズ

シェークスピアは名セリフを生み出し、今でもその多くが会話などで使われています。次はハリーがユキのクラスに出した質問とその答えですが、いくつ知っていますか。

	フレーズと意味	イメトレ	作品名
(A)	**all's well that ends well** (終わりよければすべてよし)	end がよしなら、all よかろう	『終わりよければすべてよし』
(B)	**green-eyed monster** (嫉妬、妬み)	green は嫉妬の色だから	『オセロ』
(C)	**in your mind's eye** (心眼)	心の目で見る	『ハムレット』
(D)	**much ado about nothing** (つまらないことに大騒ぎをする)	ado は古英語で「騒ぎ」	『空騒ぎ』
(E)	**the world is my oyster** (世界は私の思いのまま)	世界が牡蠣なら、剣でこじ開けてみようではないか	『ウィンザーの陽気な女房たち』
(F)	**wild goose chase** (骨折り損)	野生のガチョウを追いかけたところで捕まえられっこない	『ロミオとジュリエット』

日本では顔色が悪いことを青白いと言いますが、(B) はそれを緑色に喩えたもの。嫉妬は決して喜ばしい感情ではありませんから、よくないことの喩えとしての green なのでしょう。

SCENE 11

Track-22

During the tea break.

ティーブレイク中

（M: メメット〔スクールの学生〕 Y: ユキ）

Mehmet is helping in the canteen and takes an order for Yuki.

M：Next please.

Y：Hi. Can I have a tea and a packet of ① salt and vinegar crisps, ② please?

M：That's £3.35.

Y：Here you are. (Yuki handing the money to him.)
How was your holiday back in Turkey?

M：It was fantastic. I spent a few days at the beach with my family, and we chatted for hours and hours. London is an astonishing ③ city, but there's no place like home, ④ right?

Y：I can't agree more. ⑤ It's only been a few weeks since I left home, but I've been missing my family and friends. We video chat all the time to keep ourselves updated ⑥ on how we're doing.

M：Yep, thank goodness for technology! I took a lot of photos, so I'll show you after class. Oops, here's your change.

Y：Thanks. See you later.

M：Cheers. ⑦

Words & Phrases

① a packet of〔英〕「～の一袋」

② crisps〔英〕「ポテトチップス」

③ astonishing 「すごい」

④ there's no place like home 「我が家に勝るところはない」
 ＊つまりは自分の家が一番ということです。

⑤ I can't agree more. 「まさにその通り。」
 ＊そのまま訳すと、「これ以上同意しようがないほどに同意している。」

⑥ keep ourselves updated 「最新の情報を伝え合う」

⑦ Cheers.〔英〕「またね。」

訳

学食でお手伝いをしているメメットがユキの注文をとります。

M: 次の方、どうぞ。

Y: ハーイ。紅茶とソルト&ビネガーのポテトチップスを一袋もらえる?

M: 3.35ポンドだよ。

Y: はい、どうぞ。(ユキはメメットにお金を渡す)
トルコに戻っての休暇はどうだった?

M: 最高だった。家族と一緒にビーチで数日間を過ごして、何時間もおしゃべりをしたよ。ロンドンはすごい都市だけど、我が家に勝るところはないね。

Y: 絶対にそう思う。私も実家を離れてから数週間しか経ってないけれど、家族や友人と会えなくて寂しいもの。ビデオチャットで常にお互いの近況を報告し合っているわ。

M: まさに"ありがとうテクノロジー"だね! 写真をたくさん撮ったから、授業のあとに見せるよ。おっと、おつりを。

Y: ありがとう。またあとで。

M: じゃあね!

Track-23

マネーの英会話

1. Sorry, I don't have any small change. Is a £10 note all right?

(ごめんなさい、小銭がなくて。10ポンド札でも大丈夫ですか)

解説　note〔英〕は「紙幣」、レストランでの「お会計」はbill〔英〕ですが、アメリカではbillは「紙幣」を指すので、これがなかなかややこしい。

	イギリス英語	アメリカ英語
紙幣	**note**	**bill**
レストランのお会計	**bill**	**check**

なお、small changeは「小銭」のこと。

2. Have you got a fiver?

(5ポンド持ってる?)

解説　fiver〔英〕はスラングで5ポンド(紙幣)。playがplayerとなるように、fiveがfiverになったとイメトレすれば、楽に覚えられると信じています。

3. The burger was a tenner.

(そのバーガーは10ポンドだった)

解説　tenner〔英〕もスラングで10ポンド(紙幣)。fiveがfiverとなるように、tenがtennerになったとイメトレすれば、こちらも楽勝でしょう。

4. Could you lend me 20 quid?

（20 ポンド貸してくれる?）

解説

quid〔英〕も同様にスラングで1ポンド。ten が tenner となるように、one は oner（×）とはいきませんね。quid の読み方は「クウィド」です。そして、この単語だけは単複同形です。sheep が何匹いても sheep であるように、何ポンドであっても quid に s は付きません。

5. His new car cost 15 grand.

（彼の新車は 1 万 5000 ポンドだった）

解説

grand〔英〕もスラングで1000ポンド。15 grand は1万5000ポンドです。

6. Does this come with a tea?

（紅茶も付いてきますか）

解説

come with のコアなイメージはもれなく付いてくる。X comes with Y のかたちを取りますが、X はメインで Y はあくまでサブです。例文のケースでいうと "this"（例えば、チーズバーガーセットであればバーガーがメインの部分）で、それに紅茶（= サブ）が付いてくるかどうかを確認しているのです。

7. Have you got cheese bagels today?

（今日はチーズベーグルはありますか）

解説

todayがあることで常連さんの雰囲気が醸し出されていますね。イギリスでは所有の意味でhave gotがよく使われます。haveと同義ですが、have gotはセットフレーズとしてそのまま覚えましょう。

- **I have a fiver. → I've got a fiver.**〔肯定文〕
- **I don't have a fiver. → I haven't got a fiver.**〔否定文〕
- **Do you have a fiver? → Have you got a fiver?**〔質問〕
- **Yes, I do. / No, I don't. → Yes, I have. / No, I haven't.**〔答え方〕

なお、getの過去分詞はgottenです。Wow, your little sister has gotten so tall!（まあ、妹さん背が高くなったわね！）のhas gottenはbecome（〜になる）の言い換え、つまり状態を表します。

所有 ➡ **have**または**have got** / 状態 ➡ **have gotten**

今すぐ使える！

イギリスのスラング表現

dosh

（お金）

I haven't got the dosh.

お金がない。

doshはスラングで「お金」。ドッシュと読みます。パンやケーキなどの生地（dough）も同様の意味で使われます。こねて作るお金、それがドー。

イギリス英語の語彙・文法

数えられない名詞は、カタチでイメトレ ①

パイなどの数えられない名詞に a slice of …を付けることで枚数を示すことができます。「パイ 1 枚」は a slice of pie、「パイ 2 枚」の場合は two slices of pie となります。piece や slice の使い分けはその「かたち」がイメージできるかどうかです。小さなかたまりには a lump of …を用いますが、a lump of sugar は何のことか分かりますか。小さな固形型のお砂糖ですので、答えは「角砂糖」です。

1. 小さな個型：**a piece of cake / cheese / meat**

2. 薄切り型：**a slice of bread / cheese / pie / ham**

3. ぶつ切り型：**a chunk of meat / bread / cheese**

4. 固形型：**a lump of butter / sugar**

和訳：

1. (切り分けた) ケーキ 1 個、チーズ 1 個、肉 1 枚
2. (薄くスライスした) パン 1 枚、チーズ 1 枚、パイ 1 枚、ハム 1 枚
3. (ぶつ切りの) 肉の塊、パンひとつ、チーズ 1 個
4. (小さな固形の) バター 1 かけ、角砂糖

スラング表現に a piece of cake（朝飯前）があります。直訳すると“切り分けたケーキ 1 個”（いわゆるショートケーキの状態）ですが、それをぺろりと食べられるぐらいに簡単なこととイメージします。

SCENE 12

Track-24

In the school garden.

学校のガーデンで

(J: ジャンポール　Y: ユキ)

Yuki and Jean-Paul are sitting on the bench chatting.

J：The school is hosting a party to welcome the new students from Italy on Friday. Will you be joining?

Y：Sure, I will. Do we need to bring food or drinks?

J：Harry said that we don't really have to, but if we want to contribute, ① that would be great.

Y：All right. I'll bring something typically ② Japanese.

J：(At the party.) Looks amazing. What's this food called?

Y：It's norimaki or rolled sushi. I'd brought some ingredients ③ from Japan, so I made it with them. I hope you'll like it. Please have a try. ④

J：Thanks, Yuki. Wow, tastes good! What's the black sheet wrapped around it?

Y：Ah, it's Japanese seaweed ⑤ called nori. Isn't it a little savoury? ⑥

J：Yeah. Norimaki is my new favourite food, definitely. ⑦ Can I have more? I'm getting hungrier.

Y：Sure. Be my guest! ⑧

Words & Phrases

① contribute 「貢献する」
② typically 「典型的な」
③ ingredients 「料理の材料」
④ have a try〔英〕「トライしてみる」
⑤ seaweed 「海藻」
⑥ savoury〔英〕「塩味のきいた、風味のある」 ＊アメリカ式の綴りは savory。
⑦ definitely 「絶対に」
⑧ Be my guest.〔英〕「ご自由にどうぞ。」
＊直訳すると、「うちのゲストになってください」。ここから「ご自由に」。

訳

ユキとジャンポールはベンチに座っておしゃべりをしています。

J: スクールが金曜日にイタリアからの新入生を歓迎するパーティーを開くけど、参加する?

Y: もちろん、行くわ。食べ物や飲み物を持参する必要はあるのかしら。

J: 特にその必要はないけど、貢献してもらえるのならありがたいとハリーが言っていたよ。

Y: わかった。じゃあ、いかにも日本らしいものを持って行くわ。

J: (パーティーで) すごいね。この食べ物は何と呼ばれているの。

Y: Norimaki (海苔巻き)、巻き寿司よ。日本から食材を持って来たので、それで作ったの。気に入ってもらえるとうれしいな。ぜひ食べてみて。

J: ありがとう、ユキ。うわー、おいしい! 巻いてある黒いシートは何?

Y: ああ、それは Nori (海苔) という日本の海藻。少し塩気があるでしょ。

J: うん。Norimaki は、間違いなく僕のお気に入りの食べ物の仲間入りだな。もっと食べていい? お腹が空いてきちゃった。

Y: もちろん。お好きなだけどうぞ!

Track-25

和食の英会話

1. Sukiyaki is a Japanese hot pot with slices of beef, tofu, vegetables, mushrooms and so on. It's cooked in a sauce of soy sauce with sugar.

（すき焼きはスライスした牛肉、豆腐、野菜、きのこなどを入れた日本の鍋です。醤油に砂糖を加えたタレで調理します）

解説　和食のことを伝えるときですが、すき焼きの場合のように細かく説明を加えなければならない場合が多いので、調理に関する表現を知っておく必要があります。

bake（焼く）／beat（強く混ぜる）／cook（調理する）
grate（すりおろす）／knead（〔パン生地などを〕こねる）
mix（かき混ぜる）／peel（皮をむく）
roast（オーブンで焼く）／slice（スライスする）
steam（蒸す）／stir fry（〔肉や野菜を〕炒める）

---

2. We lift the rice or miso soup bowl with one hand when we eat it.

（私たちはご飯や味噌汁の器を片手で持ち上げて食べます）

解説　liftは持ち上げる動作を表しますが、イギリスでは「エレベータ」もlift〔英〕、そして「車に乗ること」もlift〔英〕と言います。なお、bowlは「深鉢」または「椀」。saucerとplateは「皿」ですが、前者はカップなどの「受け皿」、後者は料理の「取り皿」です。

3. I usually use chopsticks, but you can eat sushi with your fingers.

（私はいつも箸を使うけど、お寿司を指でつまんでもいいんですよ）

解説　「～で」というと、つい by を使いたくなりますが、with か by から選択します。手段には by、道具や体の一部を使うときは with を用います。なお、by train や by email のように手段の by に続く名詞には冠詞が付きません。

単語	特徴	例
by	交通機関や連絡手段	by phone, by email, by car, by train, by taxi など
with	道具、身体の一部を使う	with your fingers, with a pen, with a knife, with chopsticks など

4. Try making noises when you eat noodles. It's not considered bad manners at all in Japan.

（麺を食べながらズーズーと音を立ててみて。日本では決して行儀の悪いことじゃないから）

解説　「try +動詞 ing」は「試しに何かをやってみる」。そもそも習慣がなければ、音を立てて麺をすするのはとても勇気がいることでしょうから、ここでは try が使われているのです。

5. Chicken broth is often used for ramen soup.

（鳥の出汁はラーメンスープによく使われます）

解説　broth は「（魚や肉、野菜などで取った）出汁」のことです。次は「味」に関する形容詞の一覧ですが、GROUP 1 は基本の単語、GROUP 2 はさらに細かいニュアンスを含む単語です。

GROUP 1		GROUP 2	
sweet	甘い	**mellow**	芳醇な
bitter	苦い	**buttery**	バター風味の
salty	しょっぱい	**gingery**	しょうが味の
sour	酸っぱい	**mild**	まろやかな
juicy	みずみずしい	**tangy**	ピリッとする
rich	コクのある	**nutty**	ナッツ風味の
hot	辛い	**garlicky**	ガーリック風味の

今すぐ使える！

イギリスのスラング表現

a doddle

（簡単なこと）

This Japanese food is a doddle to cook.

この日本食は簡単に作れるよ。

スラングで「楽勝なこと」「朝飯前」。常に a が付きます。類似表現に It's easy-peasy.（超簡単）があります。*peasy は語呂合わせなので、特に意味はありません！

イギリス英語の語彙・文法

和食の説明に or を活用しよう

海外で暮らしていると、無性に和食が食べたくなることがありますが、持ち寄りパーティーでも日本食は大人気。お食事中に「これって何？」と聞かれることがありますので、和食名 or 英語のひとことパターンをストックしておくことをおすすめします。ここでの or は「またの名を」「すなわち」という意味です。

和食名	例
海苔	**nori or Japanese seaweed** (=日本の海藻)
刺身	**sashimi or raw fish** (=生魚)
おにぎり	**onigiri or rice ball** (=お米をボール状にしたもの)
焼き鳥	**yakitori or grilled chicken on a skewer** (=直火で焼いた鳥肉を串に刺したもの)
味噌汁	**misoshiru or miso soup** (=お味噌のスープ)
漬物	**tsukemono or pickled vegetables** (=酢漬けの野菜)
卵焼き	**tamagoyaki or rolled omelette** (=丸めたオムレツ) *omelette はイギリス式の綴りで、アメリカ式は omelet。

sushi や tempura、そして tofu は英語として定着していますが、意外なところでは satsuma などもあります。satsuma は mandarin（または mandarin orange)、つまり「温州みかん」のこと。“薩摩のさつまいも” ではありません。

SCENE 13

Track-26

At The Alexandra.

アレグザンドラにて

(H: ハリー　Y: ユキ)

Yuki is at a local pub with her teacher and classmates after school.

H：So, Yuki, how's everything going in London?

Y：I'm still nervous, to be honest. But I'm getting used to my new life bit by bit. ① My host family, Lucy and Tony, are kind and friendly, and they teach me a lot about British culture and lifestyle. I do enjoy studying at school, too.

H：Excellent. OK, everyone, let's toast. ② Welcome to London, Yuki. Cheers!

Y：Cheers! Hum.... this beer isn't cold. I mean...it's a little warm.

H：Oh, in the UK, beer like ale ③ is often served at room temperature. ④

Y：That's interesting. I always drink cold beer in Japan, and many Japanese people think beer is tastiest when it's ice-cold. ⑤

H：Other types of beer, let's say, lager is served cold in the UK, too. The best temperature for storing ale is said to be room temperature. That's why it's served warm at the pub. ⑥

Y：I see. OK, I'll try all sorts of ⑦ beer while I'm in London!

Words & Phrases

① bit by bit〔英〕「少しずつ」

② toast 「乾杯する」
＊パンの「トースト」と同音異義語ですが、風味付けのために焼いたパンの一片を祝杯に入れたことが語源とも言われています。

③ ale 「エール」＊ビールの一種。

④ room temperature 「室温」

⑤ ice-cold 「キンキンに冷えた」

⑥ pub〔英〕「パブ」

⑦ all sorts of 「いろいろな種類の」

訳

放課後、ユキは先生やクラスメートと地元のパブにいます。

H: さて、ユキ、ロンドンでの新しい生活はどんな感じかな?

Y: 正直、まだ緊張しています。でも、こちらの生活にも少しずつ慣れてきました。ホストファミリーのルーシーとトニーは親切でフレンドリーですし、イギリス文化やライフスタイルについていろいろと教えてくれます。学校の勉強も楽しいですよ。

H: すばらしい。よし、みんなで乾杯しよう。ようこそロンドンへ、ユキ。乾杯!

Y: 乾杯! んん? このビール、冷たくない。というか、ちょっとぬるい。

H: イギリスでは、エールのようなビールは常温で提供されることはよくあるんだ。

Y: それは興味深いです。日本ではいつも冷たいビールを飲むんですけど、たいていの日本人はキンキンに冷えたビールが最高においしいと感じているんじゃないかしら。

H: 違うタイプのビール、例えばラガーはイギリスでも冷えているね。エールの保存に最も適した温度が室温であると考えられていることから、パブではぬるめに出されるというわけ。

Y: そうなんですね。よし、ロンドンにいる間にいろんなビールを飲んじゃおう!

Track-27

パブの英会話

1. Which pub do you fancy?

(どのパブに行きたい？)

解説

fancy going の going が省略されている文です。fancy〔英〕は～したい気がする、want や feel like のニュアンスに近いですね。イギリス英語の代表選手とも言える fancy は使い方も多岐に渡ります。p199にて詳しく説明していますので、そちらも合わせてお読みください。

---

2. Let's go for a pint.

(ビールを飲みに行こう)

解説

pint〔英〕は液量の単位（約568ml）ですが、「1パイント分のビール」を pint と呼びます。なお、half pint は半分の 284ml です。また、暑い夏の午後にパイントが飲みたくなったら I'm gasping for a pint!（パイントが飲みたくてたまらない！）と言ってみたいもの。gasp for〔英〕は口語表現で「～が欲しくてたまらない」「渇望している」という意味。最近のイギリスの夏は信じられないほどに暑いですから、使用頻度が高まっているに違いありません。

---

3. I go to my local on Fridays.

(毎週金曜日は行きつけのパブに行く)

解説

「行きつけのパブ」を local〔英〕（ローカル）と呼びます。なお、on Fridays と複数形になっているので、「毎週金曜日」という意味に。

4. Is there a pub around here that tourists can also enjoy?

(このあたりに観光客も楽しめるパブはありますか)

解説　pub は public house の略で、その昔は簡易宿泊所も兼ねていた社交場でもありました。pub といえば、今はお酒を飲む場所として認知されていますが、それ以外にも食事を楽しんだり、サッカー観戦やゲームで盛り上がったりなど、地元の人たちの交流の場でもあるのです。

5. It's my round.

(私がお酒を買って来る番だね)

解説　日本と違い、グラスが空いたら順番に買いに行くという習慣があります。これを round〔英〕と言い、イギリス流のワリカン文化。自分の番が回ってきたら、人数分だけカウンターへ行って注文をするのです。

6. Ron fancies the barmaid serving at the bar.

(ロンはバーでお酒を出しているバーメイドが好きだ)

解説　パブのカウンターでお酒を注いでいる女性は barmaid〔英〕、男性は barman〔英〕です。bartender（バーテンダー）はアメリカ英語の響きがあります。ここでの fancy は異性に好意を持っているという意味で使われています。

7. This lager tastes bad. It's totally flat.

(このラガー、おいしくないね。完全に気が抜けているよ)

解説　飲み物が flat であれば、気が抜けているということ。タイヤが flat でしたらぺしゃんこ、お酒でしたらシュワシュワ感がない状態。flat には様々な用法があるのでまとめておきましょう。

flat な飲み物は「気が抜けている」
flat なタイヤは「パンクしている」
flat なバッテリーは「上がっちゃった」
flat なイギリスの住まいは「アパート」
そして、flat のメイトは「フラットメイト」！

今すぐ使える！

イギリスのスラング表現

tipple

（酒）

I'll probably have a little tipple tonight.
今夜はちょっと飲もうかな。

tipple はスラングで「お酒」のこと。have a little tipple は「ちびちびやる」がまさにぴったりの表現。「酒飲み」「のんべえ」は a tippler と言います。

イギリス英語の語彙・文法

コトバを重ねてボキャ力アップ

日本語にも「冷え冷え」や「白黒」などの重ね言葉がありますが、英語にも同じような組み合わせがあります。ひとつは同じ単語を繰り返すタイプ、もうひとつは反対語を組み合わせるタイプです。

① 同じ単語を繰り返す

I'm improving my English day by day. 〔日に日に〕

John and Kate were walking side by side in the park. 〔並んで〕

The second half was neck and neck. 〔僅差で〕

和訳：日に日に英語が上達している。
ジョンとケイトは公園を並んで歩いていた。
後半戦は僅差だった。

② 反対語を組み合わせる

You're wearing your T-shirt back to front. 〔後ろ前〕

I'll stay in Paris for a week, more or less. 〔多かれ少なかれ〕

I don't like the books kept upside down on the shelf. 〔逆さま〕

和訳：君、Tシャツを後ろ前に着ているよ。
パリにはだいたい1週間ぐらいステイします。
本棚の本が逆さまになっているのがイヤなんだ。

ちなみに「裏返しに」は inside out。仮にTシャツを後ろ前に、かつ裏返しで着ていたら（！）、You're wearing your T-shirt back to front and inside out! となります。

CHAPTER 3

Homes and life in the UK

～イギリスの住まいと暮らし～

イギリスと日本では住宅環境、生活習慣などが異なることがしばしばあります。設備、家具、衣食住、メディアなど、日々の暮らしに欠かせない様々な表現を学びましょう。

SCENE 14

Track-28

On Sunday afternoon.

日曜の午後に

(T: トニー　Y: ユキ)

Yuki and Tony are relaxing in the living room.

T：In Japan, you use a different type of plug, don't you?

Y：Yes, we do. And, I made sure to bring a converter. ①

T：Good. You remember Konomi, our former student from Japan? She realised ② that she'd completely forgotten to pack ③ a converter, so she had to buy one at the airport.

Y：Oh, poor her…I'm sure it must've ④ been expensive.

T：Yes, it was. Plugs are really complicated in Europe. In the UK, we use a three-pin plug, ⑤ as you know, but in other European countries, they generally use a two-pin ⑥ one. You should remember that when you travel on the Continent. ⑦

Y：Yeah. (Beep. Yuki receives a text message and looks at the screen.) Ah, a message from my classmate. Oops, the battery is almost flat. ⑧ Tony, I'll just nip ⑨ to my room to recharge my smartphone. I'll be back in a bit. ⑩

T：All right!

Words & Phrases

① converter 「変圧器」
② realise 「気づく、わかる」*-se〔英〕
③ pack 「カバンに荷物を詰める」
④ must've「～だったに違いない」
⑤ three-pin plug 「3 穴のプラグ」
⑥ two-pin 「2 穴の」
⑦ the Continent〔英〕「(イギリスから見た) ヨーロッパ大陸」
⑧ flat〔英〕「(電池やバッテリーが) 切れた」
⑨ nip〔英〕「急いで行く」
⑩ in a bit 「すぐに」

訳

ユキとトニーはリビングでリラックスしています。

T：日本では違うタイプのプラグを使うよね。

Y：ええ、そうです。それと、変圧器もちゃんと持参してきました。

T：それはよかった。日本から来た元学生のコノミのことを覚えているかな。荷物に入れるのを忘れていたことに気づいて、空港で買うことに。

Y：まあ、それはお気の毒。高かったんじゃないかしら。

T：ああ、そうだったね。ヨーロッパのプラグは本当に厄介で。知っての通り、イギリスでは 3 穴だけど、ヨーロッパ諸国では一般的に 2 穴のプラグを使うんだ。向こう (=ヨーロッパ大陸) に旅行するときは、そのことを覚えておく必要があるよ。

Y：そうですね。(ピーッ。ユキがメールを受信、画面を見る)
あ、クラスメートからのメッセージだわ。あれ、バッテリーが切れかかっている。トニー、部屋に戻ってスマホを充電してきます。

T：了解！

Track-29

日常生活の英会話

1. I dropped a drawing pin on the floor, and I don't know where it's gone.

（床に画鋲を落としてしまい、どこに行ってしまったのか分からない）

解説

drawing pin〔英〕（画鋲）のように、言えそうで案外と言えない単語ってありますよね。知らない単語はひとつずつ潰して覚えていく、これが鉄則。塵も積もればなんとかです。アメリカでは thumbtack という単語が広く使われています。なお、go back to the drawing board という表現があります。文字通りには「製図版（画板）に戻る」ですが、ここから「最初からやり直す」という意味に。プランや予定が思っていたように進まなかったり頓挫しそうな場面で使われます。

---

2. Get rid of those bits and bobs on the desk.

（デスクのこまごましたものを片づけなさい）

解説

bits and bobs〔英〕は、あれやこれや「こまごましたもの」を指すスラングです。似たような意味を持つフレーズに odds and sods〔英〕があり、I'm just doing a few odds and sods this afternoon. は「午後にこまごまとやることがあるんだ」となります。綴りのルールから見ると bits and bobs は b- が、odds and sods は -odds（= -ods）がそれぞれ韻を踏んでいます。

語頭の韻は「アリタレーション」、語尾の韻は「ライミング」と呼ばれており、音韻グループで単語を整理すると頭に入りやすいですし（それほどに音のインパクトは脳に刺激を与えます）、綴りの仕組みと音の関連性もよく分かります。

3. I've been snowed under at work, so I couldn't reply to your message. Sorry.

（大量の仕事に埋もれてしまって、返事ができなかったんだ。ごめん）

解説

こちらは、こまごまというよりもどさどさですね。be snowed under を直訳すると「雪に埋もれて」ですが、処理しきれない仕事の量にてんてこまい、まったく身動きが取れない状態を言います。なお、「大雪で足止めを食う」はbe snowed in。We were snowed in for two days last month. は「先月、雪で2日間足止めを食った」です。

4. Just press the enter key, and Bob's your uncle!

（Enter キーを押せば、あとは大丈夫!）

解説

「ボブはキミのおじさんだ!」は「大丈夫、簡単ですよ」という意味の口語表現。例えば、航空券をオンラインで購入するとして、最終画面まで進むと「あとはクリックするだけで予約完了」となりますが、クリック直前の一瞬に「大丈夫だよ、問題ないよ」と、背中を押してくれるのがボブおじさんなのです。なんともお茶目で心強いスラングが and Bob's your uncle〔英〕です。

5. I'm juggling a few jobs at the moment.

（目下、仕事を掛け持ちしています）

解説

次は“あれこれ”つながりの単語です。juggling は複数のボールを放り投げ、次々とキャッチをする曲芸ですが、ここから派生して「複数の責務をいっぺんにこなす」という意味で使われます。ただし、空に放り投げたボールは必ずしもキャッチできるとは限らないので、“なんとかこなしている”というニュアンスが含まれます。

6. My job involves wearing many different hats!

（私の仕事には様々な業務が含まれます）

解説

ときにはアシスタント業務を、ときには販売業務を、ときには財務管理をといったように、複数の業務がいっぺんに絡むときに、“異なる帽子を被る”と表現します。帽子は脱いだり被ったりと着脱が可能ですから、一時的にそのような状態になっているという意味合いが含まれます。なんともユニーク！ そしてこの方はきっと働きすぎです。

今すぐ使える！

イギリスのスラング表現

it's all go

（てんやわんやだ）

The deadline is tomorrow, and it's all go around here.
締め切りが明日で、こっちはてんやわんやだよ。

スラングで「大忙し」という意味ですが、やることがあまりに多すぎて「てんやわんやでてんてこまい」な状態のこと。締め切りや開店準備におおわらわ、それがit's all goです。

イギリス英語の語彙・文法

「助動詞＋ have ＋過去分詞」で、そのときの感情を表そう

「助動詞＋ have ＋過去分詞」はある時点に振り返り、そのときの感情や心の動きをつぶさに描写することができるのです。ここではmust、should、could、mightにhaveをくっ付けて、車のカギが見つからなかった「私」の心の動きをお見せします。

単語	心模様	例文
must've	そうだったに違いないと憶測している	**I must've left the car key in the kitchen.** キッチンに車のカギを置き忘れてしまっていたに違いない。
should've	しておくべきだったと後悔している	**I should've checked where the car key was.** どこにカギがあるのかをチェックしておくべきだった。
could've	そのときの可能性を振り返っている	**I could've asked Jane about the car key.** ジェーンにカギのことを聞いておくことだってできたのに。
might've	そうなっていたのかもと推測している	**I might've been able to arrive at the wedding on time, then.** そうすれば、時間までに会場に到着することができていたはず。

それぞれの読み方は、上から「マスタヴ」「シュダブ」「クダヴ」「マイタヴ」です。

would've（= would haveの短縮形）も会話ではよく使われます。would'veは実際には起こらなかった事実に対しての「（もしあのとき～だったなら）～していただろう」という意味に。

SCENE 15

Track-30

After lunch with the host family.

ホストファミリーとのランチのあと

(L: ルーシー　Y: ユキ)

Yuki is curious about British homes and Lucy answers her questions.

L：Our house is a type called semi-detached.①

Y：Semi-detached?

L：Yes. It's a house joined to another house on one side. Practically speaking,② we live in the same building with our next-door neighbours,③ the Smiths. Of course, we're separated by a wall. There are many houses like this in London.

Y：Interesting. Well, I have another question. I understand each room has wall-to-wall④ carpet – is it typical in the UK?

L：It's a bit old-fashioned, I think. Nowadays people would prefer laminated or tiled floors, maybe with rugs.⑤ But thick carpeting keeps the rooms warmer in winter.

Y：That's nice. But how do you clean the stair carpet⑥? It must be hard, isn't it?

L：Good point, Yuki. Well, it's not as hard as you imagine. All you need is to learn the ropes.⑦

Y：I'd like you to show me how next time you clean it. I'll be able to help you out then!

Words & Phrases

① semi-detached〔英〕「隣と仕切りの壁でつながった住宅」

② practically speaking 「実際には」

③ neighbour 「近隣の人」*-our〔英〕

④ wall-to-wall 「床全体に敷き詰められた」

⑤ rug 「ラグ、敷物」

⑥ stair carpet 「絨毯が敷かれた階段」

⑦ learn the ropes 「コツを覚える」

訳

ユキはイギリスの住宅に興味があり、ルーシーは質問に答えます。

L：我が家はセミデタッチットというタイプよ。

Y：セミデタッチット?

L：ええ。壁面の片側がほかの住宅とくっ付いているの。実際には、うちはお隣のスミスご夫妻と同じ建物に住んでいるということになるのね。もちろん、ちゃんと壁で隔てられているけれど。ロンドンにはこのような住宅がたくさんあるのよ。

Y：興味深いですね。ええと、さらに質問があります。それぞれの部屋は床一面、カーペットが敷き詰められていると思うんですが、イギリスでは一般的なことなんですか。

L：ちょっと時代遅れかもしれないわね。最近ではラミネート加工やタイル張りの床、またはラグを敷くのが人気になってますから。でも、厚みのあるカーペットは冬でも部屋を暖かく保ってくれるんですよ。

Y：それはいいですね。階段のカーペットはどうやってお掃除をするんですか。大変じゃないかなと。

L：ナイスな着眼点ね、ユキ。でも、想像するほど難しくはないの。必要なのはちょっとしたコツを覚えるだけ。

Y：次回のお掃除のときにその方法を教えてください。お手伝いしますね！

Track-31

住まいの英会話①

1. John bought a detached house in the Greater London area.

（ジョンはロンドン市内に一戸建てを買った）

解説　ルーシーとトニーの住まいは a semi-detached house〔英〕ですが、a detached house〔英〕は、お隣と壁で仕切られていない、完全に detached された家（切り離されて独立した家）のことです。イギリスの住宅には次のようなタイプがあります。

住宅の種類	居住スタイル
detached house（一軒家）	一戸建ての独立一軒家。多くの場合、駐車場もあり、ゆとりの空間。
semi-detached house（二軒一棟式の住宅）	二軒つながりの一戸住宅。左右対称になっていて、入り口も別々。トニーとルーシーの家はこのタイプ。
terraced house（長屋／集合住宅）	棟続き（3棟以上）のイギリス式長屋。ただし、日本の長屋のイメージとはかなり異なり、居住スペースが広めでガーデン付きもあり。
flat（フラット）	アパートやマンションタイプ。イギリスで mansion は「大きなお屋敷」のことです！
cottage（コテージ）	緑あふれるヴィレッジの、おとぎ話に出てくるようなすてきなお家、それがコテージ。誰もが憧れる“夢の暮らし”がそこにあります。
bungalow（バンガロー）	平屋（一階建て）で、特に 1970 ～ 1980 年にかけて人気を博しました。階段を昇り降りする必要のないことから、現在もこのタイプの物件に多くの高齢者が住んでいます。

2. Ken bought a new house cash in hand. Can you believe it?

(ケンは現金で新居を購入したんだよ。信じられる?)

解説

cash in hand は一般的には「現金払いで」で問題はないのですが、文脈やストーリーの背景によっては「手渡しで」という意味にもなります。キャッシュ払いだと帳簿に記録が残らないため、"ある意図を持って"現金払いを選んだとも受け止められかねません（例えば、税金を調整するためになど…)。ケンはそうではないと思いますが！

3. We're looking for a house with a small garden in the city centre.

(都心で小さな庭のある物件を探しています)

解説

centre〔英〕の -re はイギリス式の綴り、アメリカ式は center です。アメリカ英語の downtown にあたる単語です。

4. In Japan, we give our house a deep clean in December.

(日本では 12 月に家の大掃除をします)

解説

give a deep clean の意味は、隅々まできれいにする。日本人の想像する「大掃除」にとても近い表現と言えるでしょう。なお、in Japan と言っているのはイギリスの大掃除の時期は春だからです。イースターが近づくと Oh, I'm busy doing the spring-cleaning!（今、大掃除で大忙し！）の声があちらこちらで聞こえるかもしれません。

5. Throw it in the bin.

（ゴミ箱に捨ててね）

解説

bin〔英〕は「ゴミ箱」、rubbish bin とも言います。ワインなどの「ビン」は bottle ですので、ビンとボトルがごちゃ混ぜにならぬようお気をつけください。rubbish は一般的な「ゴミ」ですが、公共の場に散らかされた「ゴミ」は litter です。また、その行為も同様に litter。「ゴミのポイ捨て禁止」のサインは NO LITTERING です。

なお、rubbish〔英〕は「ゴミ」から派生し「くだらない!」の意味でも使われます。そして、使用される頻度が高いように思います。きっと今もロンドンの街角で、どこかの誰かがつまらない映画にお金を払い、Absolutely rubbish!（本当に最悪!）と叫んでいる気がしてなりません。

今すぐ使える！

イギリスのスラング表現

have got a lot on（とても忙しい）

mate（友人、仲間）

I wish I could help you, but I've got a lot on. Sorry, mate.
手伝いたかったんだけど、とても忙しくて。ごめんよ、メイト。

have got a lot on は「立て込んでいる」といったように、一時的な忙しさを表します。mate は主に男性に使う表現。男性同士が大切な仲間であるとき、お互いがお互いを mate と呼び合うわけです。

イギリス英語の語彙・文法

「古い」はoldのみならず

基本的には「古い」はoldひとつで足りてしまうのですが、せっかくなので表現に幅を広げたいところ。ここではoldを含む5単語をピックアップしました。個人的にはancientの用法がお気に入り。「古代」って…。

Don't wear such an old T-shirt. [古い]

Those clothes are really old-fashioned. [古くさい]

She's gone to the airport with an out-of-date passport! [有効期限の切れた]

The elderly couples are my next-door neighbours. [高齢の]

I'll turn 30 next month. I feel really ancient. [古代の] * ジョークで。

和訳：そんなに古いTシャツを着ないで。
その服、とっても古くさいよ。
彼女、期限切れのパスポートを持って空港に行っちゃった！
あの高齢のご夫婦はうちの隣に住んでいます。
来月30歳だよ。かなり年を取ったもんだ。

他にもThey like collecting antique furniture.（彼らはアンティーク家具の収集が好きだ）やThe cake goes stale quickly.（そのケーキは傷みやすい）があります。antiqueは文字通り「年代物の」、staleは時間が経ってしまい「新鮮ではない」。stale breadは「古くなったパン」ですが、固くて食べられない状態のこと。

SCENE 16

Track-32

At the caff.

カフェで

(Y: ユキ　K: カレン〔イギリス人の友人〕)

Yuki and Karen, an English friend of hers, are having some coffee and cake at their favourite caff. ①

Y：I have a funny question. How do you wash your face, Karen?

K：How do I wash my face...? Hum, very interesting.

Y：The thing is...we have hot and cold taps in the bathroom, and the water is often too cold or too hot. I'm not sure how to adjust ② it.

K：You mean separate taps ③? OK, you should put the plug into the wash basin ④ first, and mix the water. That's the point.

Y：Is that it? Well, separate taps aren't very common in Japan, so I was a bit confused. We generally have a mixer tap. ⑤

K：We have them, too. For instance, ⑥ I have a mixer tap in the kitchen and separate taps in the bathroom. Different taps can be installed for different purposes.

Y：I see. I've learned another new thing. I could write a book! Well, living abroad is to help broaden our horizons, ⑦ and it's fun.

K：I agree, and it teaches you how to wash your face. Right, Yuki?

Words & Phrases

① caff〔英〕「カフェ」［口語］

② adjust 「調整する」

③ separate taps〔英〕「温水と冷水が別々の蛇口」
* 「蛇口」はアメリカ英語では faucet.

④ basin〔英〕「洗面台」

⑤ mixer tap〔英〕「温水と冷水が一緒に出てくる蛇口」

⑥ for instance 「例えば」

⑦ broaden one's horizons 「視野を広げる」
* この意味で使われる場合、horizon は常に複数形です。

訳

ユキとイギリス人の友人カレンは、お気に入りのカフェでコーヒーとケーキをいただいています。

Y：ちょっとヘンな質問をするけど。カレン、どうやって顔を洗う？

K：どうやって顔を洗うか…。そうね、とってもおもしろい質問ね。

Y：実は、お家のバスルームに温水と冷水の蛇口がそれぞれあって、常に冷水か熱湯なの。調整の仕方がよく分からなくて。

K：2つある蛇口のことかしら。オーケー、それなら排水栓を洗面台に差し込んで、水とお湯を張って混ぜるだけ。それがコツよ。

Y：それだけ？　うーん、日本では温水と冷水が別々の蛇口はあまり一般的じゃないので、ちょっと戸惑ってしまったの。たいていはひとつの蛇口で調整ができるから。

K：私たちもそうよ。例えば、うちのキッチンにはひとつ口の、バスルームには2つ口の蛇口があるわ。用途に応じて違ったタイプの蛇口を取り付けるというわけ。

Y：なるほどね。また新しいことを学んじゃった。私、本が書けそうね！海外生活は視野を広げてくれるし、楽しいわ。

K：その通り。顔の洗い方もちゃんと学べるしね、ユキ？

Track-33

住まいの英会話②

1. They spruced up their house with a lot of green plants.

（彼らはたくさんの観葉植物で家をおしゃれにしました）

解説

　spruceは「トウヒ」（マツ科の針葉樹）ですが、spruce up〔英〕は口語表現で見た目をよくする。お部屋であれば「こぎれいに」、見た目であれば「こざっぱり」といった具合に、人にもモノにも使えます。例文ではgreen plants（観葉植物）と言っているので、玄関先やリビングにグリーンを飾ってお部屋の雰囲気をよくしたということです。

2. Look at the tiny little ladybird on the leaf.

（葉っぱの上の小さなてんとう虫を見て）

解説

　こんなセリフもガーデンで使ってみたいですね。日本人にとって、てんとう虫と言えばladybugになじみがあるかもしれませんが、イギリスではladybird〔英〕と呼ばれています。イギリスに暮らしてみると、花々の美しさに心を奪われます。ユキは6月にロンドンを訪れていますが、春から初夏にかけてはガーデン巡りにベストな時期といえるでしょう。話に花を咲かせるためにも、ご近所さんがガーデンで育てている花の名前を覚えておきましょう。

chrysanthemum（キク）、daffodil（ラッパズイセン）、daisy（デイジー）
geranium（ゼラニウム）、hyacinth（ヒヤシンス）、lily（ユリ）、pansy（パンジー）
petunia（ペチュニア）、rose（バラ）、snapdragon（金魚草）、tulip（チューリップ）

「キク」は「クリサンスィマン」（言いにくい！）、「サ」に強いアクセントを置きましょう。

3. A hot chocolate on a cold day could put the roses back in your cheeks.

（寒い日には、ホットチョコレートが元気を取り戻してくれる）

解説　花名つながりということでバラを使った口語表現をひとつ。put the roses back in someone's cheeks は、そのまま訳すと“頬にバラを置く”ですが、ここから頬に赤みがさすとイメージし、何かのおかげ（ここでは温かいホットチョコレートですね）で「元気を取り戻す」という意味に。

4. We've been redecorating the living room and it'll be finished in a month or so.

（リビングルームの模様替えをしていて、あと 1 ヶ月ほどで完成予定です）

解説　カーテンを変えたり、新しいチェストを置いたりしての「模様替え」は redecorate、建物の「改築」は remodel のように使い分けます。日本では後者のことを「リフォーム」と呼びますが、reform は「組織や制度を変革、改正する」。変化の意味では共通点はありますが、根本的な定義はまったく異なってしまうんです。

5. We need a new pillow and duvet for the guest.

（お客様用の新しい枕と羽毛布団が必要だね）

解説　duvet〔英〕はブランケットと布団がひとつになった羽毛の寝具とイメージしてください。

6. I turfed out a load of old shoes and now my shoe cabinet is practically empty.

（古い靴をたくさん処分したので、靴箱はほとんど空っぽです）

解説

turf out〔英〕（処分する、捨てる）は、get rid ofと同義で使われる口語表現。a load of ...は「たくさんの」という意味です。また、スラング表現のturf somebody outは「（人を）追い出す」。Ed hadn't paid the rent for months and the landlady turfed him out. は「エドは何ヶ月も家賃を払っていなかったので、大家に追い出された」です。

今すぐ使える！

イギリスのスラング表現

not to worry

（どうってことないよ）

Not to worry, we'll always have another chance!
大丈夫だよ、いつでもまた機会があるから！

Not to worry. は「大した問題じゃないから大丈夫、気にしないで」のように、相手の気持ちに寄り添ったフレーズです。もちろん、Don't worry. に置き換えても使えます。

イギリス英語の語彙・文法

point にはいろいろなポイントがある

point には「言い分、論点、目的、判断、程度、特色、時点」などの定義があります。そ、そんなにたくさん？とツッコミがありそうですが、会話の中ではセットフレーズとして使われることが多いので、ひとまとまりで覚えてしまいましょう。

That's the point. [その点は強調点]

That's a good point. [絶妙なところをついてくる]

That's an interesting point. [おもしろいね、その見解]

There's no point in asking him. He won't come anyway. [ムリ、ムダ]

I think you're missing a point. [趣旨から逸脱]

The point is that travelling by train is cheaper than by plane. [つまりは]

和訳：まさにその点なんだ。
いい点をついてくるね。
なかなかおもしろい見解だ。
聞くだけムダ。どっちにしても彼は来ないよ。
趣旨を理解していないようだね。
要するに、列車の旅のほうが空の旅よりも安いっていうこと。

SCENE 17

Track-34

In the kitchen.

キッチンにて

(L: ルーシー　Y: ユキ)

Lucy, making breakfast for the family, asks her a favour. ①

L：Yuki, can you get me a bottle of ② milk?

Y：OK. (She opens the fridge) Ah, there's no milk, Lucy.

L：Oh, the bottle is on the doorstep.
(Yuki goes to the front door and picks up a bottle.)

L：You must be surprised that milkmen ③ still exist in London.

Y：To be honest, yes. We used to have it delivered when I was a child.

L：It's the same here in the UK. You can buy milk at the supermarket, but we still want the milkman to deliver a bottle here. The milk is fresher, and pouring ④ it into your cup, it makes the tea even tastier.

Y：It's a revival ⑤ of a good old tradition, and I think conserving ⑥ it is important.

L：That is totally true. In this country, tradition truly matters! ⑦ OK, breakfast will be ready in a minute. Fetch ⑧ your cup and I'll make you a tea.

Words & Phrases

① ask someone a favour 「(人に) お願いごとをする。」 *-our〔英〕

② a bottle of 「1本の～」

③ milkman 「牛乳配達員」

④ pour 「注ぐ」

⑤ revival 「復活」

⑥ conserve 「保存する」

⑦ matter 「重要である」

⑧ fetch 「取ってくる」〔英〕

訳

家族の朝食を作っているルーシーはユキにあるお願いをします。

L：ユキ、牛乳の瓶を取って来てくれる?

Y：OK。(冷蔵庫を開ける) あれ、牛乳がないわ、ルーシー。

L：あ、瓶は玄関先よ。

(ユキは玄関に行き、瓶をピックアップする)

L：今もロンドンに牛乳配達人がいることに驚いたでしょう。

Y：正直に言うと、そうですね。私が子供の頃、よく配達してもらいました。

L：ここイギリスでも同じよ。スーパーでも買えるけど、それでも牛乳屋さんに届けてもらいたいの。牛乳はより新鮮ですし、カップに注ぐと紅茶がいっそうおいしくなるわよ。

Y：古き良き伝統の復活ですね。そして、それを守ることは重要だと思います。

L：その通り。この国では伝統がなにより重要ですから。OK、すぐに朝食よ。自分のカップを持って来てね。紅茶を入れてあげましょう。

Track-35

bottleのいろいろな表現

1. I never thought I would have the bottle to study abroad.

（自分に留学する勇気があるとは思ってもみなかった）

解説

　このbottleは「勇気」や「ガッツ」という意味です。have the bottle〔英〕のかたちで使います。I never thought I would have the nerve to study abroad. のように、the nerveにそっくりそのまま入れ替えても使えます。ただし、the bottleはイギリス英語のバージョンですから、せっかくなので積極的に使ってみてください。おお、お主やるな！と思ってもらえたら、Congratulations!

2. Should I bring a bottle?

（お酒を持って行くべき？）

解説

ここでは「（お酒の）ボトル」、つまりワインなどを指します。

3. It's sad to see that Jim's life was ruined by the bottle.

（ジムだけど、お酒で人生がおかしくなっちゃって悲しいよ）

解説

　the bottleには「アルコール」や「酒」の意味があります。theの付いた単数形が条件となりますが、こちらのbottleはおいしいお酒というよりは、飲酒に絡む問題がある場合に使われます。また、「お酒に溺れる」にはhit the bottleやon the bottle〔英〕といったフレーズもあります。

4. A bottle of milk is a bottle with milk in it. A milk bottle is an empty bottle.

（a bottle of milk は牛乳の入った瓶、a milk bottle は牛乳の空き瓶のことだよ）

解説　これはなかなかおもしろい発想だと思います。ボトルそのものは container（容器）を指し、a bottle of ...で初めて飲み物の入ったボトルになるのです。そして、この法則は牛乳瓶に限ったことではありません。

a milk bottle（空の牛乳瓶）– a bottle of milk（牛乳の入った瓶）
a wine bottle（空のワイン瓶）– a bottle of wine（ワインの入った瓶）
a beer bottle（空のビール瓶）– a bottle of beer（ビールの入った瓶）

飲み切った牛乳瓶はどちらの bottle か、もうお分かりですね。

なお、bottle 以外にも似たような用法があります。例えば、a box of matches は「マッチの入った箱」ですが、a match box は「空のマッチ箱」。a bag of sweeties は「お菓子の入った袋」で、a sweetie bag は「お菓子を入れるための袋」です。ということで…お友達には a bag of sweeties を差し上げてくださいね。

5. I still use a rubber hot-water bottle on a very cold winter night.

（とても寒い冬の夜には、今でもゴム製の湯たんぽを使っています）

解説　最後の bottle は「湯たんぽ」です。小さい頃、特に寒い冬の夜によく使っておりました。今でも薬局の Boots などで販売されています。

6. My son wouldn't <u>take a bottle</u> at all.

（息子は哺乳瓶ではまったく飲みませんでした）

解説

　このbottleは「哺乳瓶」のことです。take a bottleはセットフレーズです。baby cup（コップ）やbaby wipes（ウェットティッシュ）なども、babyを付けなくても使われる赤ちゃん用品です。

　bottleには様々な意味があることがお分かりいただけたと思いますが、これらの違いを把握するにはそれぞれの物語の背景、つまり文脈がキーポイントとなるのです。

今すぐ使える！

イギリスのスラング表現

chap（ヤツ、あいつ）

chalk and cheese（似ても似つかない）

Is that chap your twin brother?
You two are like chalk and cheese, to be honest!
ヤツ、キミと双子の兄弟なの？　正直、二人とも全然似てないね！

　chapは親しみを込めて男性を呼ぶときの表現。やや古い言い回しではありますが、今も使われています。chalk and cheeseは「見た目は似ていても中身はまったく違う」ことの喩え。

イギリス英語の語彙・文法

重要なことはmatterで伝えよう

What's the matter?（どうしたの？）のmatterは名詞ですが、英会話では動詞として使われる頻度が高く、その場合は重要だという意味に。会話の中でルーシーがTradition truly matters.（伝統が本当に重要だ）と言っていますが、抽象や概念を表す名詞（ここでは「伝統」）との相性がとてもよいのです。

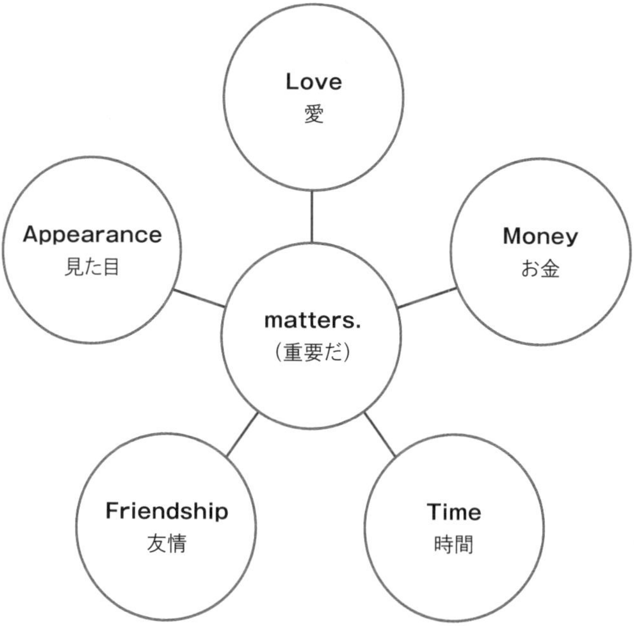

Track-36

SCENE 18

On the phone.

電話で

Yuki asks Karen about her new flat. (Y: ユキ　K: カレン)

Y：How's your new flat ① ?

K：Nice. It's fully furnished, ② and the neighbourhood ③ is really quiet. I often work from home, so I think I would probably need a comfortable chair.

Y：I'll go with you to shop around for a chair, if that's OK with you.

K：Thanks, Yuki. The more the merrier! ④

Y：By the way, don't forget to get a new microwave. I know how much you love eating TV dinners ⑤ while watching telly. ⑥

K：Ha-ha, you know me. Speaking of TV, I have to pay for the TV licence. ⑦ Thanks for reminding me.

Y：Ah, TV licence, did you say? What is it?

K：It's an official licence to watch TV. All television owners in the UK must pay the fee. Well, it's a pretty fat ⑧ fee to me. But the BBC is publicly funded ⑨ and advert ⑩ free, so its something we have to pay for.

Y：I see. The licence is more like a public subscription fee.

Words & Phrases

① flat〔英〕「アパート」

② furnished 「家具付きの」

③ neighbourhood 「近所」*-our〔英〕

④ the more the merrier 「（参加者が）多ければ多いほど楽しい」

⑤ TV dinner 「レンジでチンするだけの簡単な食事」
* テレビを観ながら食べる夕食のイメージです。

⑥ telly〔英〕「テレビ」［口語］

⑦ TV licence 「TV を視聴するためのライセンス」*-ce〔英〕
* アメリカ英語では license

⑧ fat 「多額の」*この意味の場合、名詞の前でのみ使えます。

⑨ publicly funded 「公共財源の」

⑩ advert〔英〕「広告」 *advertisement を短くしたもの。

訳

ユキはカレンの新しいアパートについて尋ねています。

Y：新しいアパートの住み心地はどう?

K：いいわよ。すべて家具付きで、近所はとても静か。自宅で仕事をすることが多いから、おそらく座り心地のいい椅子が必要かな。

Y：もしよかったら、お店めぐりのお付き合いをするね。

K：ありがとう、ユキ。そのほうがもっと楽しいわ。

Y：ところでだけど、新しい電子レンジを買うのを忘れないで。テレビを観ながら夕食を食べるのがとっても好きなのを知ってるわ。

K：ハハハ、よくご存知ね。そうそう、テレビと言えば、テレビのライセンス料を払わなきゃ。思い出させてくれてありがとう。

Y：ええと、テレビのライセンス料って言った? それって何?

K：テレビを観るための正規ライセンスよ。テレビの所有者は誰でも料金を支払う必要があるの。私にとっては高額だけど、BBC は公的資金で運営されているし、広告がないから、国民がまかなうというわけ。

Y：なるほど。ライセンスは公的なサブスク料金のような感じね。

メディアの英会話

1. I don't really watch the Beeb.

(BBC はあまり観ないです)

解説

Beeb〔英〕はスラングで BBC のこと。フォニックス（文字と音の法則）から見ると、BBC の最初の B はアルファベット読み（ビー）、2つ目の B はフォニックス読み（ブッ）になっており、B と B をくっ付けると「ビーブ」になります！　C はどこへ消えたのでしょうか。心配ご無用、なくてもちゃんと通じるので大丈夫です。

2. What's on telly tonight?

(今夜はどんなテレビ番組があるの?)

解説

telly〔英〕はスラングで television のこと。watch TV はそのまま watch telly にすることができます。

3. My mum suspects that the next-door neighbour has a skeleton in the cupboard.

(私のママはお隣さんには何か秘密があると疑っている)

解説

イギリスのドラマに必ず一人はいそうなキャラクターですよね（笑）。ドラマや映画の英語を理解するには、スラングをたくさん知っておく必要があります。a skeleton in the cupboard〔英〕は「人に知られたくない秘密」ですが、それを知らなければ食器棚の骸骨と勘違いしかねません！

なお，cupboard の代わりに closet が使われることもあります。

郵便はがき

恐れ入りますが
切手を貼って
お出しください

112-0005

東京都文京区水道 2-11-5

明日香出版社

プレゼント係行

感想を送っていただいた方の中から
毎月抽選で 10 名様に図書カード(1000 円分)をプレゼント!

ふりがな お名前
ご住所　郵便番号 (　　　) 電話 (　　　) 都道 府県
メールアドレス

ご記入いただいた個人情報は厳重に管理し、弊社からのご案内や商品の発送以外の目的で使うことはありません。
弊社 WEB サイトからもご意見、ご感想の書き込みが可能です。

明日香出版社ホームページ　https://www.asuka-g.co.jp

ご愛読ありがとうございます。
今後の参考にさせていただきますので、ぜひご意見をお聞かせください。

本書の
タイトル

年齢：　　　歳	性別：男・女	ご職業：	月頃購入

● 何でこの本のことを知りましたか？
① 書店　② コンビニ　③ WEB　④ 新聞広告　⑤ その他
（具体的には →　　　　　　　　　　　　　　　　　　　　　　　）

● どこでこの本を購入しましたか？
① 書店　② ネット　③ コンビニ　④ その他
（具体的なお店 →　　　　　　　　　　　　　　　　　　　　　　）

● 感想をお聞かせください

① 価格	高い・ふつう・安い
② 著者	悪い・ふつう・良い
③ レイアウト	悪い・ふつう・良い
④ タイトル	悪い・ふつう・良い
⑤ カバー	悪い・ふつう・良い
⑥ 総評	悪い・ふつう・良い

● 購入の決め手は何ですか？

● 実際に読んでみていかがでしたか？（良いところ、不満な点）

● その他（解決したい悩み、出版してほしいテーマ、ご意見など）

● ご意見、ご感想を弊社ホームページなどで紹介しても良いですか？
① 名前を出してほしい　② イニシャルなら良い　③ 出さないでほしい

ご協力ありがとうございました。

4. I've no clue why my wife loves cheesy soap operas.

(どうしてうちの奥さんはチープな恋愛ドラマが好きなのか、さっぱり分からない)

解説　cheese 自体に罪はないのですが、-y を付けて形容詞にすると、安っぽい、低俗なのようにネガティブなニュアンスが発動します。実は、イギリス英語には -y 付きのスラングがいろいろとあるのです。

単語、読み方	意味
cheesy〔英〕[チーズィ]	安っぽい
dodgy〔英〕[ドッジィ]	うさん臭い
cheeky〔英〕[チーキィ]	生意気な
wonky〔英〕[ウォンキィ]	(椅子などが) ぐらぐらした

ちなみに、cheeky は人だけではなくモノにも使えます。その場合、なんとモノが悪者になってしまうのです（もちろん、面白おかしい喩えとしてですが…）

1. I'm going down the pub for a cheeky pint before my wife gets home.
2. I'm on a diet but a cheeky little slice of this cake won't hurt me.

1 和訳：妻が帰ってくる前に、パブに行ってビールを飲んでこよう。
イメトレ⇒　パブで飲むにはちょっと時間が早いけど、まあ妻が帰ってくる前ならバレないだろうし、よし“小生意気なビール”でも一杯引っかけてやるか。

2 和訳：目下ダイエット中だけど、ケーキ一切れぐらいなら別にいいよね。
イメトレ⇒　ダイエット中なので、本来なら甘いものは控えなきゃならないんだけど、せっかくだし、この“ワガママちゃんなケーキ”でも頂いちゃおうっと。

要は、冗談めかして自分に言い訳をしているわけです。飲むのも食べるのも決めるのは本人ですが、ビールやケーキに責任転嫁をしているところがなんともユニークで、いかにもイギリスらしいお茶目な表現です。

5. If you subscribe, all adverts are immediately removed.

（サブスクをすれば、すべての広告がすぐに削除されます）

解説

広告には3つの呼び名があります。advertisement、advert〔英〕、ad です。単語が短くなるほどインフォーマルになります。なお、「広告記事」は advertorial と言い、advertisement（広告）と editorial（編集の）を組み合わせた造語。コラムだと思ってスクロールしていったら食品の広告だった、ということがありますよね。それが advertorial（アドヴァトリアル）です。

今すぐ使える！

イギリスのスラング表現

go out

（放送される）

The King's coronation goes out live next week.

来週、国王の戴冠式が生中継される。

go out はテレビやラジオなどで「(番組が) 放送される」。副詞の live がついているので、「ライブで放送される」ということですね。

イギリス英語の語彙・文法

支払い対象によって単語を使い分けよう

ひとくちに「値段」といっても、授業料や航空券など、何に対しての支払いなのかによって単語の使い分けがあります。次のチャートを見てみましょう。

単語	例文	何に対しての金額なのか？
fee	**What's the tuition fee?** 授業料はいくらですか。	参加料、入場料、受講料、報酬、謝礼
price	**What's the price of the table?** テーブルはいくらですか。	モノの値段、価格
rent	**What's the rent of the flat?** フラット（=アパート）の家賃はいくらですか。	賃料
rate	**What's the exchange rate today?** 今日の為替レートはいくらですか。	レート、割合 ＊時間や距離、時期などにより価格変動が起きるもの。例：ホテル代、パーキング料金など。
cost	**What's the average cost of living in London?** ロンドンの生活費はいくらですか。	コスト、総費用
fare	**What's the air fare to Munich?** ミュンヘンまでの航空運賃はいくらですか。	交通機関の運賃
charge	**What's the monthly phone charge?** 毎月の電話料金はいくらですか。	サービスに対する料金 ＊通信料や配送料など。

なお、toll も金額を表す単語ですが、こちらは道路や橋などの「通行料」のことです。

SCENE 19

Track-38

On a sunny Sunday morning.

ある晴れた日曜の朝

(K: カレン　Y: ユキ)

Yuki and Karen are taking a stroll ① in Hyde Park. ②

K：My brother John is moving out in the summer. He's looking for a flat now.

Y：I remember you said that he's going to uni. ③ Is that why he's leaving?

K：Yep. In the UK, it's quite normal to leave home when you're 18.

Y：Even when their house, I mean, their parents' house is within walking distance?

K：In that case, it depends, I think. For instance, my uni was only 20 minutes away from home by tube. ④ I left home once to live on my own and returned home to save money, then left again! The rent ⑤ is super high in London, so just like me, many young people have a tough decision to make.

Y：But, at least it's good practice for teens to learn what's it like being independent. ⑥

K：You're exactly right. I suppose everything is a lesson!

Words & Phrases

① take a stroll 「散歩する」

② Hyde Park〔英〕「ハイドパーク」
* ロンドンの中心にある広大な公園。

③ uni〔英〕「大学」[口語]

④ tube〔英〕「地下鉄」

⑤ rent 「家賃」

⑥ independent 「独立心、自立心のある」

訳

ユキとカレンはハイドパークを散歩しています。

K：弟のジョンだけど、今年の夏に引越しをするの。今、アパートを探しているわ。

Y：彼が大学に行くと言っていたのを覚えているわ。それが理由なのかしら。

K：そうね。イギリスでは18歳になると親元を離れるのが普通なの。

Y：自分の家、つまり親の家が学校の徒歩圏内であったとしても?

K：その場合は状況によるわね。例えば、私の大学は自宅から地下鉄で20分のところにあったの。一人暮らしをするために一度実家を出て、お金を貯めるために戻ってきて、また家を出たの。ロンドンの家賃はとても高いから、私と同じように多くの若者が難しい決断を迫られていると思うわ。

Y：でも、少なくとも10代の若者が自立について学べるという点ではいいわね。

K：その通り。どんなことも学びだと思う!

Track-39

暮らしの英会話

1. If you can't pay the rent, why don't you find a flatmate?

（家賃が払えないのなら、ルームメイトを探してみたら？）

解説　flat〔英〕は「アパート」のことですので、flatmate〔英〕は「ルームメイト」つまり「同居人」のこと。roommate はアメリカ英語です。

---

2. It's easy to keep your room tidy. Don't buy too many things.

（お部屋をキレイに保つのは簡単。物を買い過ぎないことです）

解説　イギリスでは neat（キレイに保たれた）の代わりに tidy〔英〕がよく使われます。手入れされたお庭を見て How do you keep your garden tidy? とご近所さんに尋ねれば、笑顔で答えてくれるに違いありません。例文の tidy は形容詞として使われていますが、動詞では整理整頓するとなり、tidy または tidy up です。

---

3. You can tell me how to kill time at the launderette.

（コインランドリーでの暇つぶしの方法を教えて）

解説　launderette〔英〕の読み方は「ローンドレット」（下線を強く読む）ですが、スピードがつくと「ロンジョレッ」にしか聞こえません。アメリカでは商標名の laundromat が用いられ「ラァンドロマット」です。「洗濯機」の口語は washer、「乾燥機」は dryer です。

4. I'm living in a bedsit.

（ベッドスィットに住んでいます）

解説

bedsit〔英〕は、お部屋に自分専用のキッチンがあり、バストイレをほかの人とシェアをするタイプの物件です。浴室なしのワンルームをイメージすると分かりやすいと思います。

5. Jane has a flat to let.

（ジェーンは賃貸アパートを持っている）

解説

イギリスの街角でTO LETの看板をよく目にします。渡英したばかりの頃は「何、これ?」と混乱する方も多いようですが、to let〔英〕は貸し室ありのこと。アメリカ英語の for rent にあたります。

6. I have to replace my rickety old washing machine.

（このガタついた古い洗濯機を新しいのに替えなきゃ）

解説

rickety は家具や建造物などが老朽化し、今にも壊れそうだという状態を表す形容詞。日本語の「がたつく」や「ぐらつく」にあたります。リカティと読み、a rickety old chair（がたついた古い椅子）のように rickety old +名詞でよく使われます。

7. Can I hire a car for two days from today?

(今日から２日間、車をレンタルできますか)

解説

hire もなんとも紛らわしい。お金を払って借りるはアメリカ英語で rent ですが、イギリスでは hire〔英〕。日本では rent のほうが広く使われていますね。rent a car は hire a car〔英〕、rent a boat は hire a boat〔英〕となるわけです。慣れないうちは、なんだかヘンな感じに聞こえてしまうかもしれませんが、ちゃんとしっくりくるようになりますので心配はご無用です。

今すぐ使える！

イギリスのスラング表現

put your foot in your mouth

(うっかり言ってしまう)

Why is Mike always putting his foot in his mouth?

どうして、マイクはいつも失言ばかりするの？

そのまま訳せば「口に足を突っ込む」ですが、「うっかり言ってしまう」「失言する」という意味に。put your foot in it もよく使われます（こちらのほうがややマイルドな響き…）。*Mike が主語なので your の箇所を his にしています。

イギリス英語の語彙・文法

コロケーションは語感を大切に

単語を覚える効率的な方法として collocation（コロケーション）の活用があります。コロケーションは「連語」と訳される専門用語なのですが、単語と単語の自然な組み合わせや繋がりのこと。日本語でも「自転車に乗る」とは言いますが、「自転車に上がる」とは言いませんよね。英語も同じく、ばらばらにではなく組み合わせで覚えるほうが効率がよいのです。では、decision のコロケーションを見てみましょう。

Studying abroad is
海外留学は

- **a big decision.**（大きな決断だ）
- **a difficult decision.**（困難を伴う決断だ）
- **a good decision.**（いい決断だ）
- **a right decision.**（正しい決断だ）
- **an important decision.**（重要な決断だ）

a big decision とは言えても、a large decision とはならないんですね。単語の組み合わせは語感を大切に、英語の感覚をつかんで養うことが肝要です。Don't think! Feel.「考えるな！感じろ」。ブルースリーの名言、当方の座右の銘でもあります。

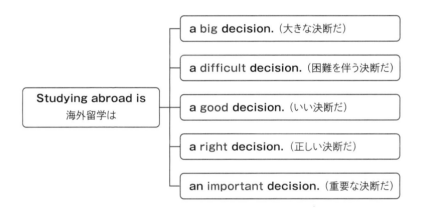

CHAPTER 4

All about my everyday life in London

～ロンドンでの日常生活をお見せします～

ロンドンにはHarrodsやPortobello Marketなどの有名な百貨店やマーケットがあり、街をめぐるのも楽しいものです。ショッピングするときの会話、エンタメや芸術に関する表現などを学びましょう。

SCENE 20

Track-40

At a local supermarket.

地元のスーパーにて

(Y: ユキ　S: スーパーの店員)

Yuki is trying to find some groceries.

Y：Excuse me. Where can I find tinned sardines ① ?

S：On aisle ② 3. Can you spot ③ the sign over there?

Y：Yes, I can see that. Thank you. Ah, actually, I need a loaf of ④ bread too.

S：That's aisle 4, next to the dairy section. OK, please follow me. I'll take you there.

(They're talking while walking towards the aisle.)

S：This place is pretty huge and complicated. ⑤ Lots of shoppers get lost in this big maze. ⑥ Sorry about that.

Y：No, no. I have a very bad sense of direction, so I easily get lost wherever I go for the first time. I really appreciate ⑦ your kind help.

S：My pleasure. ⑧ All right, bread is right here. Do you need anything else?

Y：That's fine. Ah, I paid £1 for the trolley. ⑨ Is the fee refundable?

S：Yes. You'll get the coin back when you return the trolley.

Words & Phrases

① tinned sardines〔英〕「イワシの缶詰」＊アメリカ英語では canned です。
② aisle 「通路」
③ spot 「見つける、発見する」
④ a loaf of 「1斤の〜」
⑤ complicated 「複雑な」
⑥ maze 「迷路」
⑦ appreciate 「感謝する」
⑧ My pleasure. 「どういたしまして。」
⑨ trolley〔英〕「カート」＊アメリカ英語では cart です。

訳

ユキは食料品を探しています。

Y：すみません。イワシの缶詰はどこにありますか。

S：3番通路にあります。あそこの案内が見えますか。

Y：ええ、見えます。ありがとうございます。あ、実は食パンも一斤欲しいのですが。

S：そちらは4番通路です。乳製品コーナーの隣ですよ。オーケー、ご案内します。そこまでお連れしましょう。

（ユキと店員が話をしながら通路を歩く）

S：当店はとても大きくて紛らわしいですよね。たくさんの買い物客が、この巨大な迷路で迷われてしまうんです。申し訳ありません。

Y：いえいえ、私は方向音痴なので初めての場所ではすぐに迷子になってしまうんです。ご親切にありがとうございます。

S：どういたしまして。ええと、パンはこちらです。ほかに何か必要ですか。

Y：大丈夫です。あ、カートに1ポンドを払いましたが、こちらは返金されますか。

S：はい。カートを返却するときに戻ってきますよ。

Track-41

スーパーの英会話

1. Will you add a tin of baked beans to the shopping list?

（買い物リストにベイクドビーンズの缶を追加してくれる?）

解説

tin〔英〕は「缶詰」のことですが、食べ物やペンキなどを入れるブリキの缶や容器もこのように言います。オーブンの「ロースト皿」はroasting tin、もろもろ“ティン”でいけるのです。なお、baked beansは朝食の定番、イングリッシュ・ブレックファストにもれなく付いてくるトマトソースを絡めた「インゲン豆」のこと。朝食の大きなプレートに赤く、おいしそうに鎮座しています。なお、「缶切り」もそのままtin opener〔英〕で通じますので、I ordered a tin opener online a week ago, but it hasn't arrived yet.（1週間前にオンラインで缶切りを注文しましたが、まだ届きません）のように言うこともできますよ。もちろん、ちゃんと届いていれば、それに越したことはありません！

---

2. Bear with me for a minute.

（少々お待ちください）

解説

bear with meは店員がお客を待たせるときの定番フレーズ。bear with meをそのまま訳すと「私にご辛抱を、我慢を」ですが、「もうすぐですので、少々お待ちください」となります。とっさに言われてbear（=熊?）とパニックにならないためにも、しっかりと覚えておくことをお勧めします。

---

3. Will you help me carry the shopping?

（買い物袋を運ぶのを手伝って）

解説

the shopping〔英〕は「買い物袋」。もちろん、空っぽの袋ではなく、スーパーなどで買った商品が入ったもののこと。

4. Sorry, this <u>till</u> is closed.

（申し訳ありませんが、こちらのレジは閉鎖中です）

解説　till〔英〕は cash resister、つまり「レジ」のこと。「レジ係」は cashier ですが、こちらは英米共通の単語です。

5. It's 27<u>p</u>.

（27p です）

解説　p〔英〕は「ピー」と読みます。P のアルファベット読みと同じです。p は penny や pence の頭文字を取ったもので、スーパーのポップの表示にもよく使われます。27p は twenty seven pence のことですが、読み方はもうお分かりですよね。“twenty seven ピー” です。

では、スーパーの食品コーナーをカテゴリー別に見てみましょう。

Frozen foods（冷凍食品）	**Dairy products**（乳製品）
Tinned food（缶詰）〔英〕	**Condiments**（調味料）
Bottled food（ビン詰め）	**Meat**（肉）
Dry goods（コーヒーや紅茶、パスタ麺、オーツなどの乾物類）	**Fish and Seafood**（魚介類）
Delicatessen / Deli（デリカテッセン／デリ）	**Vegetables and Fruit**（野菜と果物）
Bakery（ベーカリー）	**Drinks**（飲料）

6. 2 FOR 1.

（1 個分のお値段で 2 個買えます）

解説

1個分のお値段で同じ商品を 2 個購入できる割引のこと。スーパーでは定番の表示で、当方はこの案内が大好きです。吸い寄せられるようにもう1個に手を伸ばしてしまう。なお、3 FOR 2 もロジックは同じで、2個分のお値段で3個の商品を買えるということ。以前、台湾に短期留学したことがあるのですが、台湾では 2 FOR 1 を「買一送一」（1個買うともう1個タダ）と言います。おお、イギリスと同じようなディスカウント方式だ！と感動した記憶があります。

今すぐ使える！

イギリスのスラング表現

quits

（貸し借りなし）

I'll give you back £20 and we're quits. All right?

20 ポンド返すから、これで貸し借りなし。いいよな？

quit は動詞で「やめる」ですので、s が付くと「双方がやめる」。ここから「五分五分」「お互い貸し借りなし」に。

イギリス英語の語彙・文法

数えられない名詞は、カタチでイメトレ ②

p91 の続きです。今回は容器の形でイメトレします。jar は「ジャー」と読み、食物などを入れるフタ付きで広口の入れ物です。では、次のチャートを見てみましょう。

1. グラス型：a glass of **wine / juice / water / milk**

2. カップ型：a cup of **tea / coffee / hot chocolate**

3. 缶型：a tin of **tuna / tomato / beer**

4. 小袋（時に箱）型：a packet of **crisps / seeds / cereals**

5. 瓶詰め型：a jar of **peanut butter / jam / marmalade**

和訳：

1. (グラスに入った) ワイン１杯、ジュース１杯、お水１杯、牛乳１杯
2. (カップに入った) 紅茶１杯、コーヒー１杯、ホットチョコレート１杯
3. (缶に入った) ツナ缶ひとつ、トマト缶ひとつ、缶ビールひとつ
4. (袋または箱に入った) ポテトチップス１袋、種１袋、シリアル１箱
5. (広口瓶に入った) ピーナッツバター１瓶、ジャム１瓶、ママレード１瓶

なお、“紅茶の好みは人それぞれ” から派生し not one’s cup of tea は「～は好みじゃない」に。このフレーズは否定形で使われます。

SCENE 21

Track-42

At Harrods.

ハロッズにて

(H: ハロッズの店員　Y: ユキ)

Yuki is looking for a gift for her mother.

H：What can I do for you?

Y：I'm looking for a birthday present for my mother. Could you help me find something good, please?

H：Certainly. OK, how about this beautiful cup? This special mug was made to commemorate ① the jubilee. ②

Y：It's lovely. But I'll have to post ③ it as a parcel ④ to Japan, so I'd prefer something safer to send overseas.

H：Then, fragile ⑤ items wouldn't be the best choices, I must say. Let's see…this wool scarf is a new arrival and it's absolutely gorgeous.

Y：Yes, indeed. ⑥ So beautiful. May I ask how much it costs?

H：It's £65.

Y：Just in case, have you got the same one in different colours ⑦ ?

H：Yes. (Pointing to the showcase.) We have the grey ⑧ and blue ones.

Y：Both colours are fabulous, ⑨ but this one will look perfect on her. I'll take the blue one, please.

Words & Phrases

① commemorate 「記念する、祝う」
② the jubilee 「君主の生涯と治世を祝う祭典、記念祭」
③ post〔英〕「郵送する」
④ parcel〔英〕「小包」
⑤ fragile 「割れやすい」
⑥ indeed〔英〕「確かに、実に」＊文末に付けることで、自分の発言を強調します。
⑦ colour 「色」＊-our〔英〕
⑧ grey〔英〕「グレー」＊アメリカ式の綴りは gray。
⑨ fabulous〔英〕「すばらしい」
※ Harrods〔英〕「ハロッズ」＊ロンドン中心部にある老舗高級百貨店。

訳

ユキは母のためのプレゼントを探しています。

H：いらっしゃいませ。

Y：母の誕生日プレゼントを探しています。何かいいものがないか、探すのをお手伝いいただけますか。

H：かしこまりました。では、この美しいカップなどはいかがですか。こちらは特別なマグカップでして、ジュビリーを記念して作られました。

Y：すてきですね。ただ、日本に小包で送らなければならないので、安全に海外に送れるもののほうがいいかな。

H：では、壊れやすい商品はベストな選択ではなさそうですね。そうしますと…このウールのスカーフは新作で大変美しいと思いますが。

Y：本当にそうですね。とてもきれい。お値段はいくらですか。

H：65ポンドです。

Y：念のために伺いますが、色違いはありますでしょうか。

H：はい。（ショーケースを指して）グレーとブルーがあります。

Y：両方ともすてきな色ですが、これは母にぴったりです。ブルーでお願いします。

Track-43

ショッピングの英会話①

1. What do you think of these trousers?

(このズボン、どう思う?)

解説　購入する前に似合うかどうかを尋ねる表現です。なお、trousers（ズボン）〔英〕の他にも英米で名前の異なる衣類は色々あります。

	ズボン	セーター	サスペンダー	ベスト
イギリス英語	trousers	jumper	braces	waistcoat
アメリカ英語	pants	sweater	suspenders	vest

こうやって見てみると、日本で使われているカタカナ英語はどうやらアメリカ英語からの借用が多いようです。

また、「運動靴」は trainers〔英〕と言います。カタカナで書くとトレイナーですが、実際は「チョレイナー」に近いです（*tr の綴り字は「チョ」のように読みます）。現地で急に言われたらドキッとしそうなぐらい、日本ではまだまだなじみの薄い単語ではありますよね。

2. I did the rounds to find the best gift for my wife.

(妻にピッタリのプレゼントを見つけるためショップ巡りをしました)

解説　round は「ぐるっと回る」、つまり do the round〔英〕はあちこちショップ巡りをするなんですね。ちなみに、交通整理のための「ロータリー」は roundabout〔英〕。こちらもぐるりと回る系の単語です。

3. I'm going to get my sister smellies for her birthday.

（妹の誕生日のためにフレグランスのアイテムを買う予定です）

解説

日本人の感覚からして「スメリー」と聞くと、なんだか臭いものを連想してしまいそうですが、smellies〔英〕（常に複数形）はソープや香水などの「フレグランス商品」のこと。お誕生日やクリスマスなどお祝いのギフトに最適です。

4. I bought this shirt for my son, but it's a bit too big. Could you change it for a smaller one?

（息子のためにシャツを買いましたが、ちょっと大きすぎて。小さいサイズに交換できますか）

解説

「返品交換をする」はchange〔英〕が使えます。（1）change：AがBに変化する、（2）exchange：AをBに取り替えるなので、商品の交換には（2）を使いたいところなのですが、この点に関してはchangeであっても問題ありません。

5. The green jumper looks good on you.

（グリーンのセーターがよく似合いますね）

解説

左上の表にもある通り、sweater（セーター）の代わりにjumper〔英〕もよく使われています。ただし、日本語の「ジャンパー」とはイメージがかなり異なりますね。

6. I like the design, but orange isn't really my colour.

（デザインは気に入っていますが、オレンジは好みの色じゃないんです）

解説

my colour を直訳すると「自分の色」ですが、つまりは自分によく似合う色のこと。好きか嫌いかというよりも、自分にフィットしているのかどうかに力点が置かれた表現です。あまり自分の趣味ではない服をショップ店員に勧められたときにも使えそうです。colour〔英〕の -our はイギリス式の綴り。ミステイクで u が入ったわけではありません。

今すぐ使える！

イギリスのスラング表現

skint

（お金がない）

Ah. I'm skint at the moment.

ああ、金欠だわ。

skint は「お金がない」という意味のスラングですが、一時的にお金がない状態を指しますので、日本語に近いニュアンスとしては「金欠」や「すっからかん」あたりでしょうか。

イギリス英語の語彙・文法

like と prefer の違いって何？

likeは好きであることを表し、preferは何かと比べてそちらのほうが好き。自己紹介でI like reading. と言えば「自分、読書好きです」ですが、I prefer reading. と言ったとしたら、何と比べて好きなん？と首を傾げてられてしまうかも。"prefer ＋名詞" で使うときには、事前になにかしらの情報が話者同士に共有されているか、または前文脈や背景が必要なのです。なお、preferの後には、名詞の他にも不定詞や動名詞を続けることができます。また、慣用表現もあります。

例文	品詞
I prefer the blue one. 青いほうがいいです。	名詞
I prefer to text than phone. 電話よりもメッセージを送るほうが好きです。	不定詞
I prefer travelling by train. 列車の旅のほうが好きです。	動名詞
If you prefer, please reply to us by email. またはよろしければ、メールでお返事をください。	慣用表現
I would prefer it if you didn't watch TV all the time! テレビばっかり観てほしくないの！ ＊相手がテレビを観ないことのほうを好む→観てほしくない、とイメトレ。	慣用表現

SCENE 22

Track-44

In an antique shop.

アンティークショップにて

(Y: ユキ　A：アンティークショップのオーナー)

Yuki pops into an antique shop in Portobello Market.

Y：Hello. I'm looking for a pair of earrings for myself. Can you recommend something?

A：Sure, I'd be happy to. What sort of earrings would you like?

Y：I'd like ones that would match the necklace I'm wearing.

A：Can I have a closer look at ① it? Very beautiful. I think we've got the perfect ones for that. Please come this way.

Y：Thank you. (The shopkeeper ② shows the items to Yuki.) Wow, they're stunning. ③ I like the lovely antique pearls around the outside. Can I try them on?

A：Yes, please go ahead. (Yuki tries them on.) You look the bee's knees! ④

Y：Ah, may I ask how much they are?

A：£70. A good buy, a truly good choice.

Y：Sorry, my budget ⑤ is up to £60. Could you maybe come down a bit with the price?

A：OK, let me see, what about £65?

Y：£65...all right. I'll take them.

Words & Phrases

① have a closer look at 「～を近くで見てみる」

② shopkeeper〔英〕「店員」

③ stunning 「見事な、息を呑むほどにすばらしい」

④ the bee's knees 「（洋服やアクセサリーが）とてもよく似合っている」

⑤ budget 「予算」

※ Portobello Market〔英〕「ポートベローマーケット」
* ロンドン最大規模のアンティークマーケット。

訳

ユキはポートベローマーケットのアンティークショップへ入店します。

Y：こんにちは。自分用のイヤリングを探しています。何かお勧めをしていただけますか。

A：もちろん、喜んで。どんなイヤリングがお好みですか。

Y：今つけているネックレスに合うものがいいです。

A：もうちょっとよく見せてもらえるかしら。とても美しい。それにぴったりのものがあると思いますよ。こちらへお越しください。

Y：ありがとうございます。（店主がユキに商品を見せる）
うわー、見事ですね。外側に付いているかわいいアンティークのパールが気に入りました。つけてみてもいいですか。

A：もちろん、どうぞ。（ユキは試着をする）まさにピッタリですね！

Y：あ、おいくらですか。

A：70ポンドです。お値打ちですよ。よいご選択です。

Y：すみません、予算は60ポンドまでなんです。少し値引きをお願いすることは可能でしょうか。

A：わかりました、みてみましょう。65ポンドではいかがかしら。

Y：65ポンドですね。わかりました。こちらをいただきます。

Track-45

ショッピングの英会話②

1. That's a bit dear.

(ちょっと高いですね)

解説

Oh dear.(おやまあ) や Dear(親愛なる) の他にも、dear〔英〕には(値段が)「高い」という意味があるのです。僭越ながら、短いお手紙を自作してみました。

Dear Aunt Lucy,
The rent in London is far too **dear**.
I said to myself, "Oh **dear**" again and again.

親愛なるルーシーおばさんへ、
ロンドンの家賃はあまりに高すぎます。
僕は何度も『おやまあ』とひとりごとを言いました。

2. The shop sells some decorative antique vases.

(そのショップでは装飾の施されたアンティークの花瓶を販売しています)

解説

vaseの発音は英米で異なります。イギリスでは「ヴァーズ」〔英〕、アメリカでは「ヴェイス」です。「ヴァー」とやや伸ばし気味にすると、すてきな響きになりますよ。

3. We popped round to a car boot sale and found this lovely lamp.

(ガレージセールに立ち寄り、このすてきなランプを見つけました)

解説　car boot sale〔英〕は、自動車の boot（トランク）に不用品や使わなくなったものを入れて販売をするフリマです。掘り出しものを見つける楽しみがありますし、現地に在住でしたら販売してみるのもいいですね。

4. You paid £100 for this? Are you mad?

(これに 100 ポンド払ったの？　気は確か？)

解説　計画や行動などがあり得ないというときの「どうかしている」が mad〔英〕です。p67 にも出てきましたね。「たかだかこんなものに100ポンドも払うなんてどうかしてるよ、気は確か？」と呆れ気味のイメージが浮かんできます。

5. £12 for a cup of tea? It's daylight robbery!

(一杯の紅茶が 12 ポンド？ ぼったくりじゃん！)

解説　daylight robbery〔英〕を訳すと「白昼の強盗」ですが、要は「ぼったくり」ということ。法外な値段をふっかけられたのは誰の目にも明らか、だって白昼だったのだから。

6. I bought the knock-off Rolex for next to nothing.

（ロレックスのまがい品をただ同然でゲットした）

解説

knock-offはスラング表現で「コピー商品の」「偽物の」。We can knock £20 off the price.（価格から20ポンド値引きしてもかまいませんよ）のように動詞としても使えます。

なお、next to nothingはvery littleの言い換え表現で、直訳すると“なしの隣に”。ここから「ほとんどないに等しい」や「ただも同然で」として使われます。例文では金額について語っていますが、知識について言うのであればI know next to nothing about antiques.（骨董品の知識はほとんど持ち合わせていない）となります。

今すぐ使える！

イギリスのスラング表現

tat

（粗悪品、安物）

The souvenir shop sells only tat, so don't go there.
あの土産物屋はしょうもない安物しか売ってないから、行かないで。

tatはいわゆる「粗悪品」で、安かろう悪かろうといったアイテムや製品を指します。ちなみに、アメリカ英語ではtattoo（タトゥー）をtatとも言います。

イギリス英語の語彙・文法

up to には便利なパターンが5つある

up to と聞いて、真っ先に It's up to you! が思い浮かぶかもしれませんね。ところが、up to は2つの単語でできたシンプルなフレーズでありながら、実に様々な用法があるのです。ここでは5つの型に分けましたので、例文を見ながら意味の違いを確認していきましょう。

① キャパシティー型

In our school, each class has up to 10 students.

当校では、各クラスは10名までです。

② 期限型

John's class is cancelled up to tomorrow.

ジョンのクラスは明日まで休講だよ。

③ おまかせ型

Chinese or Indian food, it's up to you.

中華でもインド料理でも、君におまかせするよ。

④ ご予定型

What are you up to this evening?

今晩は何をする予定なの？

⑤ ご機嫌いかが型

What have you been up to?

最近どうしてた？

SCENE 23

Track-46

At Boots.

薬局ブーツで

Yuki is at a chemist's to buy some medicine. (C: 薬剤師　Y: ユキ)

C：How can I help you?

Y：Hi. I think I've got a cold. Could you give me some advice about what medicine I should take?

C：Sure. Let's see if we can find something over-the-counter.① May I ask what your symptoms② are?

Y：I'm starting to get a cough and it's keeping me awake at night.

C：What sort of cough is it?

Y：Ah, it's a dry, tickly③ cough. Also, my throat is beginning to get a bit sore④ too.

C：(The chemist⑤ reaches to the shelf and lifts down a packet of medicine.)
You can try this cold remedy⑥, but you just need to be careful because it can make you drowsy.⑦ For the sore throat, I can recommend these medicated lozenges.⑧

Y：OK. I'll take those. Thanks for your help. Ah, where can I pay?

Words & Phrases

① over-the-counter 「市販の、処方箋なしで買える」
② symptom 「症状」
③ tickly 「イガイガした」
④ sore「ヒリヒリする」
⑤ chemist〔英〕「薬剤師」
⑥ remedy 「薬、治療」
⑦ drowsy 「眠い、うとうとする」
⑧ lozenges 「薬用ドロップ」
※ Boots「ブーツ」＊イギリスの大手薬局チェーン。

訳

ユキは薬を買うために薬局にいます。

C：いらっしゃいませ。

Y：こんにちは。風邪を引いたみたいでして、どんな薬が良いかアドバイスをいただけますか。

C：もちろんです。市販薬で何かあるかを見てみましょう。どんな症状かを伺ってもいいですか。

Y：咳が出始めて、夜中に目が覚めてしまうんです。

C：どんな咳ですか。

Y：ええと、乾いた感じのイガイガした咳です。あと喉も少し痛くなり始めています。

C：（薬剤師が棚に手を伸ばし、薬の箱を取る）

この風邪薬を服用いただけますが、眠くなることもあるので注意が必要です。喉の痛みには、こちらの薬用トローチがお勧めです。

Y：分かりました。そちらをいただきます。いろいろとありがとうございます。あの、お支払いはどちらですか。

Track-47

症状の英会話

1. As I've got a temperature, I'll take a day off from work.

(熱があるので仕事を休みます)

解説

temperatureは「体温」のことで、いつもより体温が高い、つまり熱がある状態はhave a temperatureです。haveの代わりにhave gotも使えますので、その場合はhave got a temperature〔英〕となります。なお、「微熱がある」はhave a slight temperature、「高熱がある」はhave a high temperature（またはhave a fever）のように表現します。

a high temperature、a high fever（高熱）
a slight temperature（微熱）

---

2. Wait a sec. Let me get you a plaster.

(ちょっと待って。絆創膏を取って来てあげるね)

解説

plaster〔英〕は「絆創膏」のこと、Band-Aidは商標名です。バンドエイドと言えば、昔の話になりますが、1984年にイギリスとアイルランドのミュージシャンで結成された音楽チャリティープロジェクトの名前でもあります。同年に発売された“Do They Know It's Christmas?”が大ヒットとなり、その後の音楽チャリティー・ムーブメントの火付け役となりました。

3. Apply this ointment and the spots will go away.

(この軟膏を塗れば発疹が消えますよ)

解説 spot〔英〕は「発疹」や「ニキビ」のこと。なお、pimple（ニキビ）はアメリカ英語です。ニキビがひとつは a spot、ふたつは spots ですが、発疹の場合はいつでも複数形の spots です。では、キズやあざなどの言い方をリストにしておきますね。

bruise	scratch	cut	graze	burn	rash
あざ	引っ掻き傷	切り傷	かすり傷	やけど	発疹

4. I have a dry, tickly cough.

(乾いたような、イガイガした咳です)

解説 tickly の元々の意味は「くすぐったい」ですが、咳に関していえばイガイガした症状がそのまま当てはまります。

5. I hope you haven't caught a cold. There's a lot of it about lately.

(風邪を引いていないといいけれど。今とても流行っているから)

解説 there's a lot of it about は慣用表現です。a lot とあるので何かがたくさんありそうなところまでは読み取れるのですが、具体的に何についてなのかがつかみにくい。実は風邪などが流行っていることを it を用いて婉曲的に表しているのです。

6. Honey and lemon tea is a very <u>soothing</u> drink if you have a sore throat.

（ハチミツとレモンの紅茶は、喉の痛みを和らげてくれます）

解説　日本でも風邪の引き始めに、はちみつとレモンで温かいドリンクを作ったりしますね。soothe は「なだめる」「痛みを和らげる」という意味です。

---

7. I've got a cold, so I'm going to make myself a <u>hot toddy</u>.

（風邪を引いたのでホットトディを作ることにしよう）

解説　hot toddy〔英〕はイギリス人が風邪かな?と思ったときに飲むドリンク。作り方はいたって簡単、カップまたはグラスにウイスキー、はちみつ、レモン、クローブを入れ、お湯を注ぐだけ。ウイスキーでピンときた人がいるかもしれませんね。そうです、もともとはスコットランドの風邪のレメディー（対処法）なのです。

今すぐ使える！

イギリスのスラング表現

the collywobbles

（腹痛）

I always have the collywobbles just before a date with Emily.

エミリーとデートの前は、緊張のあまり、いつもお腹が痛くなる。

不安や緊張でお腹が痛くなることがありますが、the collywobbles はまさにそれ。常に the が付き、複数形です。読み方は「ザ コリィウォブルズ」。

イギリス英語の語彙・文法

症状は have または have got を使って伝えよう

haveは「持つ」以外にも「病気などにかかる」という意味があります。イギリスではhaveの代わりにhave gotもよく用いられます。早速、ここではhave gotのほうを使ってみましょう。

have got
- a sore throat （のどの痛み）
- a runny nose （鼻水）
- a temperature （熱）
- a cough （咳）
- no appetite （食欲がない）
- the runs （下痢）

病気というわけではありませんが「二日酔い」は辛いもの。英語ではa hangoverと言いますので、大人の読者さんは適宜ご活用ください。なお、「痛み」を擬態語でイメージすると、acheは長く続く鈍痛でズキズキ（時にシクシク）、painは鋭い痛みでキリキリ、soreは炎症などによるヒリヒリです。

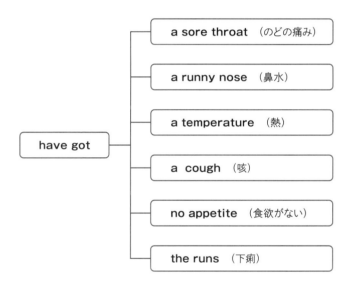

SCENE 24

Track-48

In the West End.

ウェストエンドにて

(Y: ユキ　B: チケット売り場のスタッフ)

Yuki is at the theatre's ① box office ② to buy a ticket for a musical.

Y：I'd like to get a ticket for the "Phantom of the Opera" for this evening.

B：Yes, but I'm afraid we haven't got many seats left.

Y：Could you show me on a theatre map?

B：Certainly.(The clerk points to one of the areas.)
The balcony ③ is £45 and a couple of stall seats ④ are available.
It looks like some cancellations were made at the last minute. ⑤

Y：I see. What's the price of the ticket?

B：They're £95.

Y：I might as well ⑥ get the better seat to fully enjoy the performance. OK, I'll take the stalls. Can I pay with a credit card?

B：No problem.

Words & Phrases

① theatre 「劇場」 *-re〔英〕

② box office 「(劇場の) チケット売り場」

③ balcony〔英〕 「バルコニー席」 * 階上席、最上階の席。

④ stall seats〔英〕 「ストール席」 *1 階正面前方の席。

⑤ at the last minute 「ギリギリになって」

⑥ might as well 「〜してもいい」

※ the West End〔英〕「ウエストエンド」
* ロンドン中心部の西側の地区。大型店舗、劇場、ホテルなどがあります。

訳

ミュージカルのチケットを買うために、ユキは劇場のチケット売り場にいます。

Y：今夜の「オペラ座の怪人」のチケットを手に入れたいのですが。

B：はい。ただし、あいにく残席は多くありませんが。

Y：座席チャートを見せてもらえますか。

B：かしこまりました。(係員は座席エリアを示す)
バルコニー席は45ポンドで、ストール席も数席ほど空いております。ギリギリになってキャンセルがあったようです。

Y：なるほど。そちらのチケットはいくらですか。

B：95ポンドです。

Y：パフォーマンスを最大限に楽しむためにも、せっかくなのでいい席にしたほうがよさそうですね。分かりました、ストール席にします。クレジットカードで支払うことはできますか。

B：大丈夫ですよ。

Track-49

エンタメの英会話

1. The film was rubbish.

(その映画はひどかった)

解説

film〔英〕は「映画」。rubbish〔英〕は「ゴミ」ですが、どうにもならないほどにひどいものや、くだらないものに対して、イギリス人は「オー、ラビッシュ!」とピシャリと言い放ちます。この単語は映画やドラマなどの映像作品に限らず、すべてのひどいと思われること(そして、ときには人)に対して使われます。rubbishはp116にも出てきた単語です。

2. This is an American remake of that drama.

(これはアメリカのドラマのリメーク版です)

解説

remakeの読み方にはちょっとだけ注意が必要です。「リメーク」ではなく「リメィク」です。日本語ではボートやコートを読むときに母音が「ー」と伸びますが(長母音です)、boatは「ボゥト」、coatは「コゥト」のように英語では「オゥ」、つまり二重母音なのです。remakeも同様のパターンが当てはまります。

3. He plays the lorry driver in that film.

(彼はその映画でトラックの運転手役を演じています)

解説

lorry〔英〕はトラックのこと。なお、lorryを使ったスラングにit fell off the back of a lorryがあります。Jack is wearing a gorgeous watch, but I think it just fell off the back of a lorry.は、「ジャックは高価な時計を身につけているけど、きっといかがわしいものに違いない」という意味。そのitというのはローリー(トラック)の荷台から落っこちたもの、すなわち「盗品」や「まがいモノ」だと示唆しているのです。こういったブラックユーモアが分かるようになると、ドラマや映画がもっともっと楽しくなります!

4. This theatre can hold up to 200 people.

(この劇場のキャパは 200 名までです)

解説

ややフォーマルですが、hold の代わりに accommodate でも通じます。theatre〔英〕の -re はイギリス式の綴りで、アメリカ式では -er です。theatre と書いても「シアトレ」とは発音しません！読み方は英米共通です。ほかにも centre〔英〕（中心）や metre〔英〕（メーター）がありますが、同様に No「セントレ」、No「メートレ」です。

5. We're going to the cinema after dinner.

(夕食のあとに映画館へ行きます)

解説

cinema〔英〕は「映画館」。アメリカ英語は movie theater です。イギリスでは「映画」は film と言いますが、最近では movie という単語もよく使われるようになってきました。movie はアメリカ英語という位置付けではあるのですが、ストリーミング配信の普及などにより、今まで以上にアメリカ英語にアクセスする機会が増えてきていることがその理由のひとつではないでしょうか。

6. Jean-Paul is a cinemagoer and now I'm keen on watching films, too.

(ジャンポールは大の映画好きで、今では私も映画に夢中です)

解説

「映画好きな人」のことを cinemagoer〔英〕と言います。アメリカ英語では moviegoer です。「シアターが好きな人」は英米どちらも「シアターゴーアー」ですが、綴りは微妙に異なり、イギリスでは theatregoer〔英〕、アメリカでは theatergoer です。ここにも er の反転が見受けられますね。

7. Some seats are available now as a block booking was cancelled.

（グループ予約にキャンセルが出たため、ただいま一部の席が空いております）

解説

block booking〔英〕は「団体予約」のこと。bookingは「予約」のことですが、その昔、予約の帳簿（=books）に記入をしていたことから、このように呼ばれるようになったと言われています。

なお、blockは「かたまり」という意味ですが、イギリスでa block of flats〔英〕と言えば「一棟の集合住宅」を指し、日本のマンションに近いイメージです。ちなみに、英語でmansionは「大豪邸」を指すので使い方にはご注意を。アパートやマンションなど個々の住居はflat（いわゆる物件のこと）、物件の入った建物はa block of flatsです。そして、もし皆さんが大豪邸やお屋敷に住んでいたら…迷わずI live in a mansion.とゴージャスに宣言しましょう。

今すぐ使える！

イギリスのスラング表現

sorted

（準備万端の）

Don't worry. We've got everything sorted.
心配しないで。準備はちゃんとできているから。

このsortedは形容詞なので、be sortedまたはget sortedのかたちで使われます。p261（Scene 38）に、sortの様々な用法を取り上げていますので、そちらもご一読のほどを。

イギリス英語の語彙・文法

やっぱり知りたい might as well の用法

might as well はパッと見て、とっさに意味が浮かびにくいのですが、3つのパターンに分けてみましたので、それぞれどのように機能しているのか確認しましょう。ちなみに、ダイアログのユキは②を使っています。

① そうするしかない型

"We missed the last train".

"OK. We might as well walk home".

『終電を逃しちゃったね』

『オーケー。歩いて帰るしかないよ』

* 心の声→電車もないし、ほかに選択肢もないから、歩いて帰るか。

② せっかくだからそうしよう型

"Shall we buy some bread?"

"Might as well".

『パン買っておこうか』

『そうしよう』

* 心の声→帰り道だし、パンも切れちゃっているし、また来るのも大変だから、せっかくなので買っておこう。

③ みたいなものだ型

John never responds. I might as well have been talking to the wall.

ジョンは全然返事をしない。まるで壁と話しているみたい。

* 心の声→彼に何を言ってもムダ。何も言わないなんて、壁に向かって話しているのも同然だわ。

SCENE 25

Track-50

At a concert venue.

コンサート会場で

(S: 会場スタッフ　Y: ユキ)

Yuki is going to collect ① a ticket for the gig. ②

S：Can I help you?

Y：Hi. I'm here to collect my ticket for tonight's gig.

S：Ah, I think we've already sent you the ticket by post.

Y：Well, I'm afraid I haven't received it, so I thought I could get it here at the venue. ③ I have a reference number ④ and the credit card I paid with. Will you check my order, just in case?

S：Sure. I can have a look ⑤ on the system here.

Y：Thank you.

S：(Seconds later.)
You're right. The booking is confirmed, and the payment was made in full. Sorry, it looks like there was some kind of mistake in the process. We'll reissue ⑥ your ticket straight away. ⑦ Would you mind waiting here?

Y：Of course not. Sorry to bother you. I'd appreciate your help.

S：No bother. ⑧ I'll be back in a bit.

Words & Phrases

① collect〔英〕「～を取りに来る、ピックアップする」
 * アメリカ英語では pick up がよく用いられます。

② gig 「ギグ」* 小会場での演奏会やパフォーマンス。

③ venue 「（コンサートなどの）会場」

④ reference number 「照会番号」

⑤ have a look 「ちょっと見る」

⑥ reissue 「再発行する」

⑦ straight away〔英〕「すぐに」

⑧ No bother.〔英〕「気にしないでください。」

訳

ユキはギグのチケットをピックアップするところです。

S：いらっしゃいませ。

Y：こんにちは。今夜のギグのチケットを取りに来ました。

S：ええと、チケットはすでに郵送済みだと思いますが。

Y：実は届いていないので、こちらの会場でいただけると思っていました。照会用の番号と支払いで使ったクレジットカードがあります。念のため、オーダーを確認していただけますか。

S：分かりました。ここのシステムでちょっと見てみましょう。

Y：ありがとう。

S：（数秒後）

おっしゃる通りですね。予約の確認ができますし、支払いもすべて行われています。申し訳ありません、処理中になんらかのミスがあったようです。すぐにチケットを再発行いたします。ここでお待ちいただいてもよろしいですか。

Y：もちろんです。お手数をおかけします。よろしくお願いします。

S：いえいえ。すぐに戻って来ますね。

Track-51

コンサートの英会話

1. That band's so naff. I've no idea why you like them.

(あのバンド、すっごくダサいよね。キミがなぜ、彼らのファンなのか、まったく分からない)

解説

naff〔英〕(ダサい) はスラング表現ですが、スコットランドの方言が語源とも言われています。音楽のテイストがいけてない、ファッションがあり得ない、とにかく格好よくなくてダサいと思われることのあれやこれやに使えます。また、「気色悪い」には grotty もあり。

(例) Ron is always wearing the same grotty T-shirt.

ホラーチックなデザインがプリントされた、ヨレヨレの T シャツを着てご満悦のロンの姿が浮かぶでしょうか。

---

2. First up is a new band from Newcastle!

(ニューキャッスルの新星バンドの登場です!)

解説

first up〔英〕はギグやライブなど、いわゆる「今夜のトップバッターは～」にあたるオープニングのアナウンスメントです。

---

3. My world is full of music.

(私の世界は音楽に溢れている)

解説

この world は個人が見る、または経験する「世界」のこと。The world of children is full of imagination.(子供の世界は想像力に溢れている)のように使います。なお、口語表現に live in a world of my own がありますが、「自分だけの世界に閉じこもる」という意味。

4. You shouldn't miss the band's TV performance. It's a one-off.

(そのバンドのテレビパフォーマンスを見逃さないで。一度きりだから)

解説 one-off〔英〕は「一回きり」。アメリカ英語ではone-shotが使われます。

5. Break a leg!

(がんばって!)

解説 break a legは椅子などの足を破壊するヴァンダリズム（破壊）行為から一転、ステージのミュージシャンや役者を応援する掛け声に。本番前に足をへし折っておこう、つまり、悪いことが起こっておけば、本番はうまくいくだろうというなんとも逆説的な願掛けです。でも、言われてみれば、なるほど、その気持ちが分からなくもない…なんともディープな世界観に裏打ちされたgood luckなのです。

6. Musicians sometimes play in the bandstand in the park.

(ミュージシャンは時々、その公園の演奏スタンドでプレイをします)

解説 大きな公園に設置された屋根付きの円形ステージや演奏スタンドをbandstandと言います。

7. Where's the loo?

(トイレはどこ?)

解説

ライブの前にはお手洗いに行っておきましょう…ということで「トイレ」のネタをこちらに。loo〔英〕、toilet〔英〕はイギリス英語です。アメリカでは toilet は違う意味で使われています。ズバリ、「便器」そのものなのです！ では、サバイバル英語ということで、トイレの呼び方をまとめておきますね。

toilet〔一般的〕、**loo**〔婉曲的〕、**the gents**（男性トイレ）
the ladies（女性トイレ）、**lavatory**（ハイソなトイレ）
lav〔lavatory の口語〕

lavatory は高級ホテルなどで使われる上品な表現ですが、そういえば、機内のトイレには lavatory のサインもありますね。

今すぐ使える！

イギリスのスラング表現

for my sins

（何の因果か、どういうわけか）

I'm working for Mr Smith, for my sins.
何の因果か、スミス部長の元で働いている。

罪（sin）の償いとして、やりたくないことをさせられる－というユーモラスな表現。ジョークで言っていますから、実際に悪さをしたのかどうかは、ここでは重要ではありません！　苦手なスミス部長の元で働くことになった自分、これって罰ゲームですか…といった独り言が聞こえてきたら、パーフェクト。

イギリス英語の語彙・文法

bother に惑わされないで

bother のコアなイメージは「面倒なこと」ですが、ここから派生して様々な意味を持ちます。そこで次のように bother の用法を 6 つに分類しましたので、それぞれの微妙なニュアンスをつかんでくださいね。

① わざわざしないで型

Don't bother to phone me. We can talk tomorrow.
わざわざ電話はいらないよ。明日話せるし。

② イライラ型

It really bothered me that he'd forgotten my birthday!
彼が私の誕生日を忘れるなんて、本当にイライラするわ！

③ なぜあえて型

Why bother to go to the station when you can buy the tickets online?
オンラインでチケット買えるのに、なんであえて駅まで行くわけ？

④ 煩わされない型

I'm not bothered about the exam results.
試験の結果にくよくよしない。

⑤ 怖らがせる型

Don't worry. My dog won't bother you.
大丈夫。うちの犬は怖がらせるようなことはしませんよ。

⑥ 体の一部が痛い型

My back has been bothering me.
背中が痛い。

決まり表現に Sorry to bother you.（お手数をおかけします）もあります。こちらもよく使うので覚えておきましょう。

SCENE 26

Track-52

Over a nice cuppa.

お茶をしながら

（K: カレン　Y: ユキ）

Karen asks Yuki about her plans for the weekend.

K：Have you got any plans on Saturday?

Y：Well, nothing special. I'll probably stay home and watch telly.①

K：It looks like the weather will be fine② again this weekend, so why don't we go out together?

Y：Sure! Where shall we go? We both love art ...

K：Then, how about the Victoria and Albert Museum③? They've always got some absolutely gorgeous exhibitions④ on. Besides, there's a fab little café in the museum where we can treat ourselves⑤ to a spot of⑥ tea and scones⑦ after our art tour.

Y：Sounds perfect. Do you think we need to get a ticket in advance⑧?

K：No, we don't need tickets except for some special exhibitions. A lot of museums in London are free of charge.⑨ Isn't it great?

Y：Excellent!

Words & Phrases

① telly〔英〕「テレビ」［口語］

② fine〔英〕「（天気が）よい」

③ Victoria & Albert Museum〔英〕「ビクトリア&アルバートミュージアム」
*the Victoria and Albert や V&A とも呼ばれています。

④ exhibition「展示会」

⑤ treat ourselves 「自分たちにご褒美を与える」

⑥ a spot of〔英〕「少しの、ちょっとした」

⑦ scone〔英〕「スコーン」

⑧ in advance 「前もって」

⑨ free of charge 「無料の」

訳

カレンはユキに週末の予定について尋ねます。

K：土曜日に何か予定はある?

Y：そうね、特にはないかな。たぶん家でテレビでも観てると思う。

K：今週末はまた天気がよくなりそうだから、一緒に出かけない?

Y：もちろん！　どこに行こうか。ふたりともアートが大好きよね…

K：じゃあ、ヴィクトリア&アルバート博物館はどうかしら。最高にすてきな展覧会が常に開催されているわよ。おまけに、美術館にはおしゃれでちょっとしたカフェもあるから、アート見学の後、紅茶とスコーンをご褒美に大満足じゃないかしら。

Y：完璧ね。事前にチケットを手に入れる必要はある?

K：ううん、一部の特別展を除いてチケット購入は必要ないの。ロンドンの多くの博物館は無料よ。すごくない?

Y：すごいわ！

Track-53

アートの英会話

1. Adults £7, concessions £4.

（大人は 7 ポンド、割引対象者は 4 ポンドです）

解説

concession〔英〕（コンセッションと読みます）は高齢者、子供、学生などを対象にした「割引」のことですが、対象者を明確に表示している場合とそうでない場合もありますので、例えば学生さんでしたら、表の②のように確認しておくことをお勧めします。

①	**I'd like to have a floor plan, please.** フロア・マップをいただきたいのですが。
②	**Is there a concession for students?** 学生割引はありますか。
③	**Where can I see the paintings of Turner?** ターナーの絵画はどこで見ることができますか。
④	**I'm trying to find "The Arnolfini Portrait" by Jan van Eyck.** ヤン・ファン・エイクの「アルノルフィーニ夫妻像」を探しています。
⑤	**The Beatrix Potter exhibition was so inspiring.** ビアトリクス・ポターの展示にとても刺激を受けた。
⑥	**Where is the special collection hall?** 特別展示はどこですか。
⑦	**This Victorian jewellery is too beautiful. Words couldn't describe it.** このヴィクトリアン調の宝石はあまりに美しすぎて、言葉では言い表せない。

※③ウイリアム・ターナー（1775-1851）は、イギリスを代表するロマン主義の画家。
④ナショナルギャラリーの公式ウェブサイト（2022 年 12 月現在）の Highlight（= 見どころ）でも取り上げられている人気の作品。

2. We should make good use of our time in London, so let's plan our visit first.

(ロンドンでの時間を有意義に過ごすために、まずは計画を立てましょう)

解説

たいてい、ミュージアムの公式ウェブサイトには Plan Your Visit という情報ページがあります。特に大きなミュージアムでは、時間を有効に使うためにも事前の計画がなにより大事…ということで、知っておくと役に立つ英語のサインや表示を一覧にいたしました。

表示／意味	ひとこと
Access（アクセス）	行き方や最寄駅をチェック。
Cloakroom（クローク、携行品の一時預かり所）	多くの場合、荷物のサイズ制限があります。
Collection（コレクション、作品）	たいていは常設展のこと。
Highlights（見どころ）	時間に限りがある場合は、ここだけでも見ておくことをお勧めします。
Photography（写真撮影）	一般的に、展示物やコレクションルームによって可不可あり。
Exhibitions and Events（特別展示とイベント）	特別展やイベントのこと。有料の場合が多い。
Membership（メンバー会員）	メンバー特典もあり。
Donation（寄付）	館内でのほか、公式サイトの "Donate" からも募金することができます。

質問したいこと、確認したいことが出てきたら Information Desk のスタッフに尋ねましょう。i のマークが案内所の印です。

3. I had to tell a white lie to make my parents feel safe.

(両親を安心させるために、小さな嘘をつかなければならなかった)

解説

a white lie は、物事をスムーズに運ぶための「小さな、優しい嘘」のこと。相手を傷つけないためにつく必要のある“白い嘘”が white lie なのです。white には穢れなきというイメージがあり、そこから派生した表現です。さて、アートと言えば colour 抜きでは語れませんので、ここでは「色」にまつわる英語表現を取り上げたいと思います。

白 white flag(降参)／whiter than white(清廉潔白な)
青 blue blood(名家の血筋)／out of the blue(唐突に)
赤 red-handed(現行犯で)／see red(カッとなる)
黒 black sheep(厄介者)／look black(見通しが悪い)

さて、緑の持つイメージを覚えていますか。p85 に出てきた green eyed-monster は「嫉妬」でした。他にも「未熟な」という意味もありますが、日本では“青二才”ですね。

今すぐ使える!

イギリスのスラング表現

airy-fairy

(夢見がちな)

You think I'm an airy-fairy person? So are you!
私のこと、夢みる夢子ちゃんだと思っているでしょ。そういうあなたもよ!

airy(空想的な)と fairy(妖精)がくっついて、ひとつの形容詞になっています。それぞれ「エアリー」「フェアリー」と読み、母音が韻を踏んでいます。

イギリス英語の語彙・文法

free を自由自在に使いこなそう

free は状況によってあるになったり、なしになったり。時間や席はあるけれど、コストや成分はなし。なんとも摩訶不思議な単語です。では、次のチャートで free のあるなしをご確認ください。

I'll have a little free time on Friday. [時間アリ]

Is this seat free? [空きアリ]

The meeting is over. We're free to go now! [自由アリ]

It's fat-free milk. [成分ナシ]

Admission is free. [コストナシ]

和訳：金曜日にちょっとだけ時間があるよ。
この席、空いてますか。
会議が終わった。やっと自由の身だ！
脂肪分ゼロの牛乳です。
入場無料です。

free を使った慣用表現のひとつに feel free（遠慮なく、ご自由に～してください）があります。May I use your bathroom? Sure, feel free.（バスルーム借りてもいい？もちろん、お気兼ねなく）のように、命令形のかたちをとっていますが、丁寧に許可を与えるときのフレーズ。また、Feel free to call me anytime.（いつでもお電話ください）はその後に不定詞をつないだパターンです。

CHAPTER 5

British food and adventures in a restaurant

～イギリス料理とレストランの冒険～

イギリスにはたくさんの伝統料理があります。ロンドンの街でいろいろなレストラン、おしゃれなカフェ、ティーサロンを経験するのも楽しいですね。フィッシュ&チップス、地元のパブなどにも行ってみましょう。

Track-54

SCENE 27

In her own room.

自分の部屋で

(R: レストランのスタッフ　Y: ユキ)

Yuki rings ① up a restaurant to make a booking.

R：Roxie London. How may I help you?

Y：I'd like to book ② a table for two at 12.30 pm ③ on the 11th of August, ④ please.

R：May I have your name, please?

Y：Sure. Saito. S-A-I-T-O.

R：Could you give me a phone number we can reach you on?

Y：That's 123-007-1234.

R：Thank you, Ms Saito. Let me just read back that information to you. This is a booking ⑤ for two at 12.30 pm on the 11th, this Friday. Is that correct?

Y：Yes. Ah, would it be possible to have an alfresco ⑥ lunch? I remember there's a balcony overlooking ⑦ the beautiful rose garden.

R：Certainly. We'd be happy to arrange a table for you.

Y：Thank you so much.

Words & Phrases

① ring〔英〕「電話をする」

② book〔英〕「予約する」

③ pm〔英〕「午後」

＊一般的にイギリス式では am や pm にピリオドは付けません。

④ the 11th of August〔英〕「8月11日」

＊イギリスでは一般的に日付→月の順で表記します。

⑤ booking〔英〕「予約」

⑥ alfresco「テラス席で、外の席で」

⑦ overlook「見渡す」

訳

ユキはレストランに予約の電話をかけます。

R：ロキシー・ロンドンです。ご用件は?

Y：8月11日の午後12時30分から2人でテーブルの予約をしたいのですが。

R：お名前を伺ってもよろしいですか。

Y：ええ。サイトウ。S-A-I-T-O です。

R：ご連絡先を教えていただけますか。

Y：123-007-1234 です。

R：ありがとうございます、サイトウ様。ご予約内容を復唱いたします。今週金曜日の11日、午後12時30分から2名のご予約となります。こちらでよろしかったでしょうか。

Y：はい。あの、外でのランチは可能でしょうか。美しいローズガーデンを見渡せるバルコニーがあったのを覚えています。

R：かしこまりました。そちらでテーブルをご用意いたします。

Y：ありがとうございます。

Track-55

レストランの英会話

1. Still or sparkling?

(炭酸なしで、それとも炭酸ありで?)

解説　レストランでお水を注文する場合、炭酸のあるなし(still〔英〕〔炭酸なし〕/sparkling〔英〕〔炭酸あり〕)を伝えましょう。tap water(水道水)は原則無料です。

2. I'll have a soup of the day as a starter.

(前菜に本日のスープをいただきます)

解説　starter〔英〕は「前菜」のことですが、アメリカ英語ではappetizerです。

3. For the main course, I'd like roast beef with Yorkshire pudding, please.

(メインディッシュはローストビーフとヨークシャープディングをお願いします)

解説　Yorkshire pudding〔英〕は、シュークリームの皮のようにぷっくりと膨らんだ、ローストビーフの付け合わせです。puddingと聞いてデザート?と思うかもしれませんが、小麦粉と牛乳を合わせた生地で作りますので、甘いものもあればそうでないものもあります。ちなみに、Yorkshire puddingは甘くないほうのプディングで、お味はとてもプレイン、つまり素朴です。だからこそ付け合わせにぴったりなのです。

4. What would you like to have for afters?

(デザートは何にしますか)

解説

afters〔英〕はそのまま訳すとお食事のあと、ここから「デザート」という意味で使われます。なお、dessertは「ザ」を強く読みます。似た単語にdesert(砂漠)がありますが、こちらは「デ」に強勢を置きます。

5. Can I have a serviette, please?

(テーブルナプキンをいただけますか)

解説

serviette〔英〕の読み方は「サーヴィエット」、下線部分を強く発音します。フランス語が語源で借用語として英語に定着しました。

6. We went to a posh restaurant to celebrate our anniversary.

(記念日を祝うためにおしゃれなレストランに行った)

解説

posh〔英〕は高級、おしゃれ、お上品などハイソなことなら何でも描写できますよ。例えば、She goes to a posh private school. は「彼女は裕福な私立校に通っています」に。また、poshには「上流階級の」という意味もあります。そういえば、デビッド・ベッカムの奥様のニックネームもPosh、メディアではもっぱらPoshが使われていますね。

7. The restaurant in the village was cheap and cheerful.

（そのヴィレッジのレストランは安くておいしかった）

解説

cheap and cheerful〔英〕はそのまま訳すと安い、そして心地よい、ここから「(レストランが) 安くておいしい」となります。cheapとcheerfulのch (チ) が韻を踏んでいますね。このように語頭の韻を「アリタレーション」と言いますが (p108の2をご覧ください)、アリタレーションは耳に心地よく、声に出して読んでみて、なんとも楽しい音遊びです。なお、反対の意味を表すフレーズにcheap and nasty（安くてまずい）があります。残念な意味もさることながら、こちらは韻も踏んでおりません…。

今すぐ使える！

イギリスのスラング表現

tick over

（そこそこ上手くいく）

We have enough customers to keep the restaurant ticking over.

なんとかレストランを続けていくには十分な数のお客さんがいるよ。

tick overは完璧とまではいかなくとも「なんとかやっていける」「そこそこ上手くやっている」といった状態を表す表現。ちなみに「(エンジンが) アイドリングしている」もtick overと言います。

イギリス英語の語彙・文法

たくさんの「ありがとう」を伝えよう

Thank you. のほかにも、場面やシチュエーションによって感謝の気持ちを表すフレーズを覚えていきたいもの。また、Thank you. と言われて「こちらこそありがとう」と返す場合も Thank you. ですが(まさにサンキュー返し！)、その場合は you のほうを強く言いましょう。

場面設定	ありがとうのフレーズ
フォーマル	**Thank you very much.** **Thank you very much, indeed.** 〔英〕 **Thank you ever so much.**
一般的	**Thank you.** **Thanks so much.** **Thanks a lot.**
カジュアル	**Thanks.** **Cheers.** 〔英〕 **Ta.** 〔英〕

Ta. は「ター」と読みます。そのままですね（笑)。口語表現で、赤ちゃんことばの「ありがとう」からきていると言われています。Cheers. は「ありがとう！」のほか、「乾杯！」や「バイバイ！」としても使われます。

「どういたしまして」にもバリエーションがあります。You're welcome. の他にも Don't mention it.（＝礼にはおよびません）や Not at all.（＝とんでもない）があります。フォーマルなフレーズは My pleasure. ですね。No problem.（問題ないよ)、That's all right.（大丈夫だよ）はカジュアル表現で、イギリスでは All right. もよく耳にします。

SCENE 28

Track-56

In the lobby of the cinema.

映画館のロビーで

(K: カレン　Y: ユキ)

Yuki and Karen are deciding about what to eat for dinner.

K：How about having a curry after the cinema ① ?

Y：Sounds good. I've had a curry a couple of times since I moved here, and I never get tired of ② it.

K：Hot spices are addictive, ③ aren't they? I love it too.

Y：What I found interesting is that there are many Indian restaurants in London.

K：Yes, but you can have all sorts of cuisines in London. Soho ④ has a large Chinatown with a lot of good restaurants. It has a reputation ⑤ for authentic ⑥ Chinese food.

Y：I used to think fish and chips was the most popular food in this country but that's not always true.

K：You're exactly right. You really should have a try of many different kinds of food while you're here. It'll be a great experience. By the way, do you want to go to our favourite Indian restaurant in Covent Garden, ⑦ or do you fancy ⑧ trying out the new curry house ⑨ near the theatre?

Y：Shall we try the new one, then?

Words & Phrases

① cinema〔英〕「映画館、映画（を観ること）」
② get tired of 「～に飽きる」
③ addictive 「病みつきになる、クセになる」
④ Soho〔英〕「ソーホー地区」 *ロンドン中心部の繁華街。
⑤ reputation 「（よい）評判」
⑥ authentic 「正統な、本格的な」
⑦ Covent Garden〔英〕「コベントガーデン」
*ロンドン中央部の地区。商店や飲食店が多数あり。かつては青果・花市場。
⑧ fancy〔英〕「したいと思う」
⑨ curry house〔英〕「カレー店」

訳

ユキとカレンは夕食に何を食べるか決めているところです。

K：映画のあと、カレーはどう?

Y：いいわね。こっちへ引っ越しをしてから何度もカレーを食べているけど、全然飽きないな。

K：辛いスパイスはやみつきになるよね。私も大好き。

Y：おもしろいと思ったのは、ロンドンにはたくさんのインド料理店があることね。

K：ええ。でもロンドンではほかにもいろんな種類の料理を食べることができるのよ。ソーホーのチャイナタウンにはおいしいレストランがたくさんあって、本格的な中華料理が味わえると評判よ。

Y：フィッシュ&チップスはこの国で最も人気のある食べ物だと思っていたけど、必ずしもそうとは限らないのね。

K：その通り。ここにいる間にいろんな食べ物にトライしてみて。最高の経験になるはずよ。ところでだけど、コヴェントガーデンにある私たちのお気に入りのインド料理レストランに行く?　それとも劇場の近くにできた新しいカレー店にする?

Y：じゃあ、新しいほうにしようか。

Track-57

カレーの英会話

1. Fancy trying out a new curry house near the station?

（新しくできた駅近のカレーショップに行ってみたい?）

解説　curry house〔英〕は「カレー店」のこと。カレーはイギリスでも大変人気がありますし、食文化のひとつとして定着しています。なお、ロンドンに行列必死のDISHOOM（ディシューム）というインド料理店があります。

---

2. I have a weakness for spicy food.

（辛い食べ物に目がない）

解説　「大好物」はweakness（弱点）でもあるのです。have a weakness forの次に大好きなものを続けましょう。a real weakness（大、大好物）→ a weakness（大好物）の順で覚えておいてくださいね。

---

3. Would you like your curry medium or mild?

（カレーは中辛、それとも甘口にしますか）

解説　「中辛」はmedium、「甘口」はmild、そして「辛口」はspicyとhotです。次のチャートにまとめておきますのでインド料理店でご活用ください。

spicy / hot > medium > mild
（辛口ー中辛ー甘口）

4. Do you want to go for a curry with us on Friday night?

（金曜の夜、一緒にカレーを食べに行かない？）

解説　「お酒を飲みに行く」は go for a drink と言いますが、go for a curry はそのカレーバージョンです。そのほかにも go for を使った表現には go for a walk（散歩する）、go for a swim（泳ぎに行く）、go for a drive（ドライブに行く）などがあります。

5. How spicy do you like it?

（どのくらいの辛さにされますか）

解説　How spicy ～？は、“どれくらいの辛さ”がよいかを尋ねるときのフレーズです。なお、「やや辛め、でもあまり辛すぎない程度で」というような微妙なニュアンスを伝えたい場合は I want it a little bit hot but not too much. と言います。また、辛すぎて食べられないことのないよう、注文する際に Can you adjust the spiciness?（辛さの調節はできますか）と聞いておくのもよいでしょう。

6. I prefer Indian curry to Thai curry. I love both, though.

（タイカレーよりインドカレーのほうが好き。どちらも大好物だけど）

解説　皆さん、ここまできてすっかりカレーのエキスパートになっていますね。おめでとうございます！　例文は I like Indian curry more than Thai curry. の言い換えですが、prefer A to B の用法も使ってみてください。

7. My eyes were bigger than my stomach.

（思っていたほど食べられなかった）

解説

これはなかなかユニークな表現だと思います。直訳すると「目はお腹よりも大きかった」ということですが、つまり、最初は食べる気満々で、あれやこれやと注文してはみたけれど、思ったほどに食べられなかったということ。いわゆる、目が欲しがるというやつですね。stomach は belly に変えても使えます。ちなみに「旺盛な食欲」は a big appetite ですので、「彼は大食漢だ」は He's a man with a big appetite. となります。また、big のさらに上をいくのが voracious（ガツガツと貪欲に）。読み方はヴォレイシャス。with a voracious appetite とすれば “むさぼり感” がすごいです。なお、appetite と voracious の両方を使った表現もあります。例えば、His appetite for knowledge is voracious. であれば「彼の知識欲には際限がない」という意味に。

今すぐ使える！

イギリスのスラング表現

must dash

（行かなくちゃ）

Thanks, but I must dash.
Shall we talk again, maybe next week?
ありがとう、でも行かないと。来週あたりにまた話そうか。

dash は日本語の「ダッシュ」と同じく全速力で駆け抜けるイメージ。ここから must dash には「急いで行かなきゃ」というニュアンスが含まれます。

イギリス英語の語彙・文法

ザ・イギリス英語の代表格は fancy

fancy はイギリス人が好んで使う単語です。ドラマや映画でも、必ずと言っていいほどお目見えする脅威の頻出力。ただし、様々な用法があるので、その点はしっかりと押さえておきたいところです。以前、当方のお教室に「なぜだか fancy を使うのがちょっと恥ずかしいんです」という生徒さんがいましたが、皆様、なりきり気分でぜひどうぞ！

① 好意を寄せる型
I fancy her.　彼女のことが好き。

② したいと思う型
Do you fancy going to the pub with us?
僕たちと一緒にパブに行かない？

③ 勝ち予想型
Which team do you fancy?
どっちのチームが勝つと思う？

④ 高級ですてき型
James took me to a fancy restaurant last night.
昨日の夜、ジェームズは高級レストランに連れて行ってくれた。

⑤ びっくり型
"Ben and Linda are getting married". "Fancy that!"
『ベンとリンダが結婚するんだって』『それって、びっくり！』

なお、「②したいと思う型」の fancy は目的語に動名詞または名詞がきますので、「お茶はいかが？」は Fancy some tea? です。とてもイギリスらしい響きです。

SCENE 29

Track-58

Having some dessert after dinner.

夕食後、デザートを食べながら

(T: トニー　Y：ユキ)

Tony invites Yuki to eat out together with his family.

T：Would you like to go to The Alexandra to have a Sunday roast ① this weekend?

Y：Sounds good. I imagine it's a type of meat dish, but what kind of food is it exactly?

T：It's roast beef with mashed potatoes and some sides. ② In the UK, it's typical to eat a roast with your family on Sunday.

Y：I see. That's why it's called Sunday roast. Do you always have it as a pub lunch ③ ?

T：Not always. We can cook it at home too, but isn't it nice to enjoy your meal in a pleasant and relaxing atmosphere sometimes?

Y：Yes, it is. Ah, what time are we leaving? The Alexandra opens at noon, so should we leave a bit earlier than 12 o'clock?

T：Actually, their roasts are really popular, so they're often sold out early. I suggest we leave home at half past eleven. ④ How does that sound, Yuki?

Y：Perfect. I'll be ready by then – I don't want to miss ⑤ my first Sunday roast!

Words & Phrases

① Sunday roast〔英〕「サンデーロースト」

② side 「料理の付け合わせ」

③ pub lunch〔英〕「パブランチ」

＊パブは夜にお酒を飲むだけではなくランチも楽しめます。

④ half past eleven〔英〕「11時半」

＊イギリスでの時間の読み方です。

⑤ miss 「逃す」

訳

トニーはユキを家族との外食に誘います。

T：今週末、アレグザンドラにサンデーローストを食べに行こうか。

Y：いいですね。お肉のお料理だと思うけど、具体的にはどんな料理なんですか。

T：ローストビーフにマッシュポテトと副菜を添えたものだよ。イギリスでは日曜日に家族揃ってロースト肉を食べるのが伝統的なこととされているんだ。

Y：なるほど。だからサンデーローストと呼ばれているんですね。いつもパブのランチで頂くんですか。

T：必ずしもではないかな。自宅でも作れるけれど、アットホームな雰囲気に浸りながら、楽しく外食するのもいいと思う。

Y：ええ、そうですね。あの、何時に出かけますか。アレグザンドラは正午にオープンするから、12時よりちょっと前に出たほうがいいですよね。

T：実はあそこのローストビーフはとても人気だから、すぐに売り切れてしまうことがよくあるんだ。11時半には家を出るのがいいと思う。ユキはどう?

Y：大丈夫です。それまでには準備をしておきます。だって、初めてのサンデーローストを逃したくはないから!

Track-59

イギリスの伝統料理の英会話

1. Bubble and squeak is a dish of potatoes, brussels sprouts and carrots mixed together and cooked in fat.

(バブル&スクイークは、ポテト、芽キャベツ、ニンジンなどを混ぜ合わせ油で焼いた料理です)

解説

bubble and squeak は、クリスマスディナーの leftover（残り物）で作る一皿。食材の残りを混ぜ合わせ（基本的には余っていれば何を入れても OK だと思います!）、お好み焼きのように丸く形成しフライパンで焼くのですが、フライ返しで押し付けたときの音がネズミの鳴き声（squeak）に似ていることがネーミングの由来と言われています。当方はビールのお供としても作りますが、確かにキーキー、時にジュージュー鳴いております。

---

2. Steak and kidney pie is a dish of diced steak, kidneys, vegetables and herbs in gravy, baked in pastry.

(ステーキ&キドニーパイは、サイコロ状の肉、腎臓、野菜、ハーブをグレービーソースと混ぜ、パイ皮を載せて焼いた料理です)

解説

その名の通り“牛肉や子羊の腎臓のパイ”のこと。日本でパイ（pie）と言えば、アップルパイなどのデザートを指しますが、イギリスではお惣菜やお食事にもなるのです。steak and kidney pie も後者にあたり、レストランやパブでの定番メニューのひとつです。当方が初めて口にしたときは、独特な味付けとにおいが苦手だったのですが、勇気を持って（!）再度チャレンジしたところ、今度はその風味と食感のとりこになってしまいました。好みの分かれる料理ではありますが、まだ食べたことのない方は、イギリスを代表するこの伝統料理にぜひトライしてみてください。

3. Pigs in blankets is a dish of cooked pork sausages wrapped in bacon. Traditionally, it's served as an accompaniment to Christmas dinner.

（ピッグズ・イン・ブランケッツは、豚のソーセージをベーコンでくるんだ料理。伝統として、クリスマス料理のサイドディシュとしてふるまわれます）

解説

pigs in blanketsは、ズバリ「毛布にくるまった豚」。文字通り、ソーセージをベーコンでくるむという“肉の肉巻き”。脂身のある豚バラのようなベーコン（streaky bacon）を使うため、非常に高カロリーな一品となっております。日本ですと、焼き鳥屋のメニューにアスパラやトマトの肉巻きがありますが、豚を豚で巻くというこの“肉肉しさ”こそがイギリスらしさなのです。

4. Bangers and mash is sausages served with mashed potatoes.

（バンガーズ&マッシュは、マッシュポテトを添えたソーセージ料理です）

解説

ソーセージをフライパンやオーブンで焼くとき、“ジュージュー、パーン”と音がしますが、この音をbanger（爆竹）に喩えたのがbangers and mashです。mashed potatoesはmashとも呼ばれているので、つまりこの料理はソーセージのマッシュポテト添えのこと。たいていはmashの上にソーセージを載せて盛り付けます。とても腹持ちがいいので、お腹が空いているときにお勧め。もちろん、パイントとの相性も最高ですよ。

5. Eton mess is a dessert with a rough mixture of whipped cream, pieces of meringue, and strawberries.

（イートン・メスは、ホイップクリームとメレンゲ、いちごをざっくりと混ぜ合わせたデザートです）

解説

イギリス料理の 3 点セット（肉、ソーセージ、ジャガイモ）が続きましたので締めにデザートをご紹介いたしましょう。eton はイギリスの由緒正しきパブリック・スクール「イートン校」のことで、毎年初夏に開かれる“イートン校 VS ハロゥ校”のクリケット大会で提供されるデザートが名前の由来とも言われています。ホイップクリームに混ぜるメレンゲは製菓用でもかまいませんし、イチゴ以外の果物を使うこともあります。mess は「ぐちゃぐちゃ」「散らかった」という意味ですので、eton mess はズバリ“イートン校のぐちゃぐちゃスイーツ”。なんともナイスなアンバランス加減ではありますが、いずれにせよ、材料をざっくりと混ぜ合わせていただくのがイギリス流。

今すぐ使える！

イギリスのスラング表現

greasy spoon

（グリーシースプーン〔＝安い食堂〕）

I ordered a cuppa and a fry up at the greasy spoon.

グリーシースプーンで、紅茶一杯とフライアップを注文した。

その名もズバリ「脂ぎったスプーン」。主に油を使った料理（= fry up：焼きベーコン、焼きソーセージ、目玉焼き、ベイクドビーンズなど）を提供する、安いレストランのこと。小さな大衆食堂といった感じで、朝からオープンしているところも多く、ワンプレートにどっさり盛られたザ・イギリス飯を楽しめます。

イギリス英語の語彙・文法

イギリス流「時計の読み方」を覚えよう

さて皆さん、five to ten は何時のことでしょう。to のコアなイメージは「～に向かって」ですので "10 時に向かってあと 5 分"、つまり five to ten は「10 時 5 分前」すなわち「9 時 55 分」なのです。んーん、これはややこしい！でも覚えるべきことはたった 2 つ。

① 30 分までは past を、30 分すぎは to を使う！

② 「5 分⇒ five」「10 分⇒ ten」「15 分⇒ quarter」「20 分⇒ twenty」「30 分⇒ half」

あとは、①と②を組み合わせるだけで OK です。では、イメトレを参考に、イギリス人がよく使う時計の読み方を覚えましょう。

時刻	読み方（2 通り）		イメトレ
7.00	**seven o'clock**	−	7 時です。
7.05	**seven oh five**	**five past seven**	7 時を 5 分過ぎた…
7.10	**seven ten**	**ten past seven**	7 時を 10 分過ぎた…
7.15	**seven fifteen**	**quarter past seven**	7 時を 15 分過ぎた…
7.30	**seven thirty**	**half past seven**	ここが折り返し地点！
7.45	**seven forty-five**	**quarter to eight**	8 時まであと 15 分…
7.55	**seven fifty-five**	**five to eight**	8 時まであと 5 分…
8.00	**eight o'clock**	−	そして 8 時！

ちなみに、日本では「7 時」は 7:00 のようにコロンで表記しますが、これはアメリカ式によるもので、イギリスではピリオドを使った 7.00 です。点がちょっと足りなく見えるけど、もちろんこれはこれでよし！

SCENE 30

Track-60

In Borough Market.

バラマーケットで

(K: カレン　Y: ユキ)

Yuki and Karen are walking around in the famous food market.

K：My office is located near London Bridge ① station, so when I finish work early, I often pop by ② to get some food here. Borough Market ③ is a paradise for anybody like you and me who loves eating!

Y：Thanks for bringing me here, Karen. I've always wanted to visit this fascinating ④ spot. It's such a lively place, full of energy. The hustle ⑤ and bustle. ⑥ I can feel it. Look at the meal he's cooking!

K：That's Turkish food. Spanish dishes are over there. This market is famous for world-wide cuisines. ⑦

Y：Great. Ah, I'm feeling peckish. ⑧ Shall we grab a bite ⑨?

K：All right. How about some cheeseburgers at that stall ⑩?

Y：Sounds good. (They are approaching a burger shop.) Smells really appetising! ⑪

K：Their burgers are the best in London. Trust me. I'll order the food, then. Hi. Can I have two cheeseburgers, please?

Words & Phrases

① London Bridge〔英〕「ロンドン橋」

② pop by〔英〕「立ち寄る」

③ Borough Market〔英〕「バラマーケット」
＊ロンドン橋の近くにある、イギリス最大規模の食品マーケット。

④ fascinating「魅力的な」

⑤ hustle「喧騒」

⑥ bustle「にぎわい」

⑦ cuisine「料理」

⑧ peckish〔英〕「少しお腹が減った、小腹が空いた」

⑨ grab a bite〔英〕「軽く食べる」

⑩ stall「屋台」

⑪ appetising〔英〕「食欲をそそる」＊アメリカ式の綴りは appetizing。

訳

ユキとカレンは有名なフードマーケットを散策しています。

K：うちの会社はロンドンブリッジ駅の近くにあるので、仕事が早く終わるとよくここに立ち寄るの。バラマーケットは、あなたや私みたいに食べることが大好きな人にとってのパラダイスよ！

Y：連れて来てくれてありがとう、カレン。すてきなこの場所にずっと来てみたいと思っていたの。エネルギーに溢れたすごく活気のあるところね。人の行き交い、賑やかさが感じられるわ。あ、彼が作っている料理を見て！

K：あれはトルコ料理よ。そっちはスペイン料理。このマーケットは世界中の料理が楽しめることで有名なの。

Y：すごいね。ああ、小腹が空いてきたわ。サクッと食べようか。

K：ええ。あそこの屋台のチーズバーガーなんかはどう？

Y：いいね。（バーガーショップに近づく）
食欲をそそる匂いだわ。

K：ここのハンバーガーはロンドン一よ、本当だから。じゃあ、私が注文をするね。ハーイ。チーズバーガーを2ついただけますか。

Track-61

フード&ドリンクの英会話①

1. I usually have crisps at lunch and chips for dinner.

(ランチにはポテチ、晩ご飯にはたいていフライドポテトを食べます)

解説

イギリスに行くとポテトをいただく機会がぐんと増えますので(きっとそのはず!)、crisps と chips は覚えておきたい、いえ、覚えておかねばならぬマスト単語です。「ランチにポテチ、晩ご飯にフライドポテト? そんなはずないだろう」と思うかもしれませんが、案外とイギリスあるあるなのです。

	イギリス英語	アメリカ英語
ポテトチップス	crisps	potato chips
フライドポテト	chips	French fries

2. Jacket potato with a green salad would be fine.

(グリーンサラダを添えたベークドポテトにします)

解説

ポテトの続きになりますが、ベークドポテト(こちらはアメリカ英語)の呼び名も英米で異なり、イギリスでは jacket potato〔英〕というのです。なぜゆえにジャケット?と思うかもしれませんが、こんがりと焼けたポテトの皮をジャケットに見立てたことから、このように呼ばれるようになったと言われています。ジャケットを着脱させてからいただく人もいれば、私のようにジャケットごと食べちゃう人もいるのでは。

3. I have to drive home, so a fizzy drink will do.

(車で家に帰らなければならないので、炭酸飲料で大丈夫です)

解説　fizz は動詞で、fizzy は「プシュー」や「シュワー」のように飲料の泡立つ音のこと。fizzy drink〔英〕はここから「炭酸飲料」となります。

4. I love a nice cold bevvy on a summer afternoon. How about you?

(夏の午後、よく冷えたドリンクを飲むのが大好き。君は?)

解説　bevvy〔英〕は beverage の略語で「飲料」のこと。ベヴィーと読みます。主にお酒、特にビールを指しますが、ソフトドリンクとして使われることもあります。

5. It was sunny, so we had lunch at a pavement café.

(晴れていたのでオープンカフェでランチをした)

解説　pavement café〔英〕は歩道に面した「テラス席のあるオープンカフェ」のことです。pavement はイギリスでは「歩道」ですが、アメリカでは「舗装された道路」を指し、歩道か車道かの区別は特にありません。ですので、pavement café でお茶をしようと誘われて、"車は大丈夫?" "危なくないのかな…" と心配してしまうアメリカ人がいるかもしれませんね。なお、「歩道」はアメリカ英語では sidewalk です。

6. The <u>sarnie</u> shop is always full with customers.

（あのサンドイッチ屋はいつもお客さんでいっぱいです）

解説

sarnie〔英〕は sandwich のインフォーマルな呼び方です。

---

7. I could <u>eat a horse</u>.

（とってもお腹が空いた）

解説

馬を一頭食べちゃうわけではありません。要はそれぐらいお腹が空いているということの喩えです。could が使われているので一応は仮定法です。なお、ユキとカレンの会話にスラングの peckish〔英〕が出てきますが、空腹レベルもいろいろです。

peckish > hungry > very hungry > starving > I could eat a horse.
（小腹が空いた―空腹―とても空腹―めちゃめちゃ空腹―死ぬほど空腹）

今すぐ使える！

イギリスのスラング表現

a ripe old age

（老齢）

If you want to live to a ripe old age, you should stop eating junk food.

長生きしたいと思うなら、ジャンクフードを食べるのをやめるべきだね。

直訳すると「熟した高齢」。円熟味すら感じるフレーズです。live to a ripe old age は慣用表現で「長生きをする」。

イギリス英語の語彙・文法

人とモノの描写は -ed と -ing でどうぞ

ユキはバラマーケットを a fascinating place と描写していますね。このときの状況を詳細に表すと、Yuki was fascinated because the market was a fascinating place. となります。最初のは -ed だから受け身、ふたつ目は -ing なので進行形…などと考えずに（Don't think! Feel. p141 参照のこと）、気持ちや感情を描写するときは -ed を、モノや状況を説明するときは -ing を使いましょう。一応お伝えしておきますが、品詞はどちらも形容詞です。

人の気持ちや感情の描写		モノや状況の説明	
fascinated	夢中になる	**fascinating**	心を奪う
confused	混乱して	**confusing**	紛らわしい
tired	疲れた	**tiring**	疲れさせる
bored	退屈して	**boring**	うんざりするような
excited	ワクワクして	**exciting**	刺激的な
surprised	びっくりする	**surprising**	驚くべき
shocked	ショックを受けた	**shocking**	ショッキングな
depressed	気落ちして	**depressing**	重苦しい

ちなみに、I'm bored.（退屈している）と伝えるつもりで、ついうっかり I'm boring. と言ってしまったなら、自分の性格や特徴を相手に説明することに。これだと「私は退屈な人です」となってしまうので、使い方には注意しましょう。

Track-62

SCENE 31

In the kitchen.

キッチンにて

(L: ルーシー　Y: ユキ)

Lucy is going to cook an English dish and asks Yuki to join her.

L：We're going to bake "Toad in the hole" ① later together.

Y：Di...did you say "toad", Lucy?

L：Oh, yes. But don't worry. We aren't going to cook a toad. It's a typical British dish, made of sausages baked in a mixture ② of eggs, flour, ③ and milk.

Y：Why does the food have such a unique ④ name?

L：I don't mean to put the fear of the God into ⑤ you, but the baked sausages in the batter ⑥ look like toads hidden away in their holes, or like they are nestling ⑦ in a muddy ⑧ river.

Y：I hope it tastes nicer than it sounds...

L：The name is quirky ⑨ indeed, but it's really good, especially when you pour some gravy ⑩ over it. It's a popular home-cooked recipe and I'm sure you'll like it.

Y：I'm getting excited about the new experience!

L：OK, let's go grocery shopping ⑪ at the supermarket.

Words & Phrases

① toad in the hole〔英〕「トードインザホール」
＊イギリスの伝統料理。toad は「ヒキガエル」のこと。

② mixture 「（料理の材料を）混ぜたもの」

③ flour 「小麦粉」 ＊flowerとは同音異義語です。

④ unique 「ユニークな、独特な」

⑤ put the fear of the God into someone 「～を怖がらせる」

⑥ batter 「（ケーキなどの）生地」

⑦ nestle 「心地よく身をおさめる、ぬくぬくする」

⑧ muddy 「ぬかるみの、泥の」

⑨ quirky 「風変わりな」

⑩ gravy 「肉汁で作ったソース」

⑪ grocery shopping 「日用品、食料品の買い出し」

訳

イギリス料理を作る予定のルーシーはユキにも声をかけます。

L：あとで一緒に「穴の中のヒキガエル」を作りましょう。

Y：ルーシー、ヒ、ヒキガエルって言った？

L：ええ、そうね。でも、心配無用よ。カエルの料理を作るわけではないから。ソーセージ、卵、小麦粉、牛乳を混ぜて焼き上げるイギリスの代表的な料理なのよ。

Y：どうしてそんなに変わった名前がついているの？

L：驚かせるわけじゃないけど、生地の中の焼きソーセージが、まるで穴に隠れたヒキガエルとか、泥の川でぬくぬくしている姿に似ているからなの。

Y：想像以上においしいといいのだけど。

L：確かに奇妙なネーミングだけど、とりわけグレービーをかけていただくとおいしいわよ。人気の家庭料理レシピだからきっと気に入るはず。

Y：新たな経験にワクワクしてきた！

L：オーケー、スーパーに買い出しに行きましょう。

Track-63

料理の英会話

1. I baked chocolate <u>biscuits</u>. Would you care for some?

（チョコレートビスケットを焼いたんですが、少しいかがですか）

解説

イギリスの焼き菓子といえば、ビスケット（biscuit〔英〕）、スコーン（scone〔英〕）、ショートブレッド（shortbread〔英〕）があります。

ビスケットは薄くてサクサク、クッキーはちょっと厚めのイメージですが、総じてbiscuitと呼ばれています。スコーンは円筒型の厚みのあるお菓子でバターやジャムといただきます。当方はチーズスコーンをよく作るのですが、ワインによく合いますよ。ショートブレッドはスコットランドの伝統菓子でウォーカー社が有名ですが、バターがたっぷり練り込まれているのが特徴です。

---

2. We need a <u>courgette</u> to make ratatouille.

（ラタトゥイユを作るにはズッキーニが必要です）

解説

英米で呼び方が異なる野菜があります。ちなみに、cornはイギリスでは「穀物」のこと。

	イギリス英語	アメリカ英語
ズッキーニ	**courgette**［コージェット］	**zucchini**［ズッキーニ］
ナス	**aubergine**［オバジーン］	**eggplant**［エッグプラント］
とうもろこし	**maize**［メィズ］	**corn**［コーン］

下線は強く読む箇所です。なお、maizeはmaze（迷路）と同じ読み方です。ちなみに、作物としての「とうもろこし」はmaizeですが、「とうもろこしの実」（サラダやピザのトッピングとして使われる黄色い実の部分）はsweetcornと言います。

3. As the finishing touch, add a heaped teaspoon of sugar.

（仕上げに小さじスプーン山盛り一杯の砂糖を加えます）

解説

heaped〔英〕は「山のように積み上げられた」「塊の」。料理用語では「山盛りの」という意味で使われます。「すりきり一杯」は a level teaspoon of ...と言いますが、level は匙のギリギリラインのこと。また、「大さじ一杯」は a tablespoon of ...です。

4. I tried to bake bread, but it didn't rise.

（パンを焼いてみたけれど、膨らまなかった）

解説

パンやケーキが「膨らむ」の意味で rise がとっさに思いつくかどうか、英語力が試されるところですが、膨らむとはすなわち高さが生まれることですから、上がるや昇るの rise が使われるのです。

5. Did you leave the dough to prove for 40 minutes?

（発酵させるために、生地を 40 分間ちゃんと寝かせた？）

解説

prove は「証明する」だけではありません。ベーカリーの単語になりますが、生地を発酵させるためにしっかりと寝かせるといった意味があるのです。パンなどイースト菌を使って発酵させるときに使われます。

dough は「生地」ですが、スラングで「お金」という意味もあります。p91 のスラング表現をご参照ください。

6. This recipe is ridiculously easy, so anyone can cook it.

(このレシピはとんでもなく簡単だから、誰でも作れるよ)

解説

Ridiculous!（バカみたい!）は、日常会話のみならず、映画やドラマでも頻繁に耳にするフレーズです。例文では「呆れるぐらいに」「信じられないぐらいに」という意味で使われています。当然のことながら、レシピが馬鹿げているのではなく、そのレシピは滑稽なぐらいに簡単だということですね。

今すぐ使える！

イギリスのスラング表現

going spare

（余っている）

Can I have this pie if it's going spare?
余っているなら、このパイをもらってもいい？

spare には「余分の」「予備の」という意味があります。ここから if it's going spare は「もし余っているなら」「誰も手をつけないなら」に。go は常に進行形で使います。

イギリス英語の語彙・文法

「食」の評価を６レベルに分けてみる

「おいしい」は delicious だけではありませんし、すべてがおいしい料理とも限りません。そんなとき、ピッタリはまるフレーズを使いたいですよね。とてもおいしい→あまりに酷くて返金してほしいレベルまで、６段階に分けてあります。皆さんのイギリスでの一食一食に幸あれ！

Level 1	とてもおいしい	**delicious, yummy, excellent**
Level 2	おいしい	**good, nice, tasty**
Level 3	まあまあ	**so-so, OK, not bad**
Level 4	あまりおいしくない	**not so good, rather unpleasant**
Level 5	おいしくない	**awful, horrible, terrible**
Level 6	恐ろしいほどおいしくない	**disgusting, revolting**

ちょっと変わった未体験ゾーンの味には interesting が使われることがあります。あまりおいしくないことを暗にほのめかしているというケースも多々見受けられますが。

ちなみに、イギリス料理は plain だと言われることがありますが、実に plain には「あっさりした素朴な味」と「味付けされていない」という意味があります。"野菜のくたくた煮" はイギリスの家庭料理だと信じている当方ですが、Could you pass the salt? は食事の席でよく使うフレーズだったように思います。(現在のイギリス料理は色々な意味で進化しています！)

SCENE 32

Track-64

At the exit of Bond Street station.

ボンドストリート駅の出口で

(J: ジャンポール　Y: ユキ　F: フィッシュ＆チップス店のスタッフ)

Yuki and Jean-Paul are walking to a chip shop. ①

J：The chippie's ① fish is crisp ② and tender. And guess what. It's as large as a face, which means...really big!

Y：As big as this? (Yuki makes a big circle with her fingers at her face.)

J：Yep. That's about the size of it. ③
(They arrive at the shop.) Hi. Can I have two portions ④ of fish and chips, please?

F：All right. To eat here or to take away ⑤ ?

J：Take away, please.

F：Would you like salt and vinegar?

J：Yes, but only on the fish, please. As a side, can we have a pot of mushy peas ⑥ and a sausage for each of us, please?

F：All right, then. That comes to £18.45.

Y：(A minute later.) Wow, the fish is even bigger than I imagined.

J：Yeah, dig in, ⑦ Yuki. I'm sure you'll finish it in no time! ⑧

Words & Phrases

① chip shop〔英〕、chippie〔英〕「フィッシュ&チップス店」［ともに口語］

② crisp 「サクサクした」

③ That's about the size of it. 「そんな感じです。」

＊決まり表現ですが、ダイアログではフィッシュの size とかけ合わせています。

④ portion 「（料理の）一人分」

⑤ take away〔英〕「テイクアウトをする、持ち帰りで」

⑥ mushy peas〔英〕「マッシーピーズ」

＊グリーンピースをやわらかく煮たフィッシュ & チップスの付け合わせ。

⑦ dig in〔英〕「食べる」

⑧ in no time 「あっという間に」

訳

ユキとジャンポールはフィッシュ&チップス店に向かって歩きます。

J：そのフィッシュ&チップスのお店だけど、外はサクサク、身はやわらかいんだ。そして、なんとだよ。顔と同じくらいのサイズなんだ。つまり、リアルに大きいってこと！

Y：これぐらいの大きさかな？（ユキは自分の顔の前で大きな輪を指で作る）

J：そうそう。だいたいそんな感じだよ。

（お店に到着する）こんにちは。フィッシュ&チップスを2人分ください。

F：はい。店内で、それともお持ち帰りですか。

J：持ち帰りでお願いします。

F：お塩と酢はどうしますか。

J：はい、フィッシュのほうにだけ願いします。あと、マッシーピーズとソーセージをそれぞれください。

F：かしこまりました。合計で18．45ポンドです。

Y：（1分後）うわー、このフィッシュ、想像していたより、はるかに大きい。

J：そうでしょ。食べてみて、ユキ。絶対にあっという間に平らげちゃうから。

フード＆ドリンクの英会話②

1. These crisps are moreish.

（このポテトチップス、食べ出したら止まらない）

解説

moreish〔英〕は、あまりのおいしさにもっともっと食べたくなる、やめられない＆止まらないを表すスラング表現です。「more + ish」と見ることもできるのですが、-ish は接尾語で「～的な」というスラングを作りますので、ニュアンスとしては“もっと食べたい的な”、“やめられない的な”といったところでしょうか。ちなみに、-ish には「～頃」「～ぐらい」という使い方もあります。例えば、sevenish でしたら「7時頃」という意味に。

2. Let's have a takeaway tonight, shall we?

（今晩はテイクアウトにしよう）

解説

日本ではテイクアウトがカタカナ英語として定着していますが、ぜひとも take away〔英〕（テイクアウェイ）も覚えてくださいね。ファストフード店で「持ち帰りでお願いします」という場合は To take away, please. です。

3. My stomach is going to explode!

（お腹いっぱいで破裂しそう!）

解説

explode は「破裂する」ですので、もうこれ以上食べられない状態を言い表していますね。では、満腹レベルの表現をまとめておきましょう。

I've had enough. > I'm full. > I'm stuffed. > My stomach is going to explode!
（もう十分です。－お腹がいっぱい。－パンパンです。－胃が破裂しそう!）

4. A fish finger sandwich with a pint is my real treat.

(ビールとフィッシュフィンガーのサンドイッチは、私にとって最高のごちそう)

解説　fish finger〔英〕は「(パン粉をまぶして揚げた) 白身魚のフライ」で、細長いのが特徴です。フィッシュフィンガーのサンドイッチとビールをテラス席でいただくと、イギリスにいることの喜びをしみじみと感じます。

5. Where is the cutlery?

(カトラリーはどこですか)

解説　cutlery〔英〕は「スプーン」「フォーク」「ナイフ」などのこと。silverwareとも言います。また、陶磁器のカップやお皿は総称でcrockery（クロッコリィ）と呼ばれています。

6. I tend to binge on ice cream when I'm bored.

(私は退屈していると、ついアイスクリームをドカ食いしてしまう)

解説　bingeは飲んだり食べたりの大騒ぎという意味の名詞で、ここからbinge onは「大食いをする」「たくさん飲む」に。ただし、例文にもあるように、ついやってしまう悪癖について言うことが多いのです。

7. Eating fast food is one of my guilty pleasures.

（ファストフードを食べるのは私の密かな楽しみなんです）

解説

guilty pleasure は直訳すると、「罪の悦び」「罪なる楽しみ」。すごい響きです。one's guilty pleasure は、よくないとわかっているのにやめられない楽しみのこと。原稿が一息つき、真夜中にカップラーメンのお湯を注いで待つこと3分。これこそが my guilty pleasure（背徳メシ）と微笑んでしまうこと、不覚にもしばしば。

今すぐ使える！

イギリスのスラング表現

fancy somebody rotten

（メロメロだ）

Nancy fancies him rotten.
ナンシーは彼にメロメロだ。

本来、rotten は「腐った」や「いやな」というネガティブなニュアンスを持つ単語ですが、ここでは「すごく」として使われています。fancy は「異性に惹かれる」なので、rotten とセットで「メロメロ」に。somebody の部分には「好意を寄せる人」を入れてお使いください。

イギリス英語の語彙・文法

as ... as の使い方をおさらいしよう

「同じ年齢です」は日本語からの直訳で the same age と言いたくなりますが、as old as のほうがより自然な響きです。as と as の間に形容詞を入れて使いましょう。

This fish is as big as **my face.**	[大きさが同じ]
Kim is as tall as **Emily.**	[高さが同じ]
My hair is as long as **Karen's.**	[長さが同じ]
John is as nice as **George.**	[感じの良さが同じ]
I'm as old as **Anne.**	[年齢が同じ]

和訳：このフィッシュは私の顔と同じ大きさだ。
キムはエミリーと身長が同じだ。
私の髪はカレンの髪の長さと同じだ。
ジョンはジョージぐらい感じがいい。
私はアンと同じ年齢だ。

なお、この文型は This term's exam was as hard as the last one.（今学期の試験は前回ぐらい難しかった）のように、人だけではなく事柄に対しても使うことができます。

SCENE 33

Track-66

At Sketch.

スケッチにて

(Y: ユキ　K: カレン)

Yuki and Karen are at the stylish afternoon tea salon.

Y：Wow, look at that! So pretty! The pink wallpaper is astonishing. I've been to a traditional tearoom like Browns Hotel, ① but this place has such a novel ② atmosphere.

K：Sketch ③ is known to be the most unique and modern ④ tearoom in London, and they serve really good meals, as well as tea.

Y：How nice! Wow, just look at this place. I feel like I'm in an art gallery.

K：Art is one of the key concepts here, I think. OK, here's the menu, Yuki. Which course would be you interested in?

Y：The "British sparkling afternoon tea" looks good, but it's so pricey. ⑤

K：Yeah, right. But we'll never have the same experience anywhere else, and we shouldn't miss this wonderful opportunity.

Y：These kinds of experiences are priceless. ⑥ All right, then. Let's order this course.

K：You said it. For now, forget about everything and enjoy what it feels like to be a princess in this marvellous ⑦ tearoom.

Words & Phrases

① Browns Hotel〔英〕「ブラウンズホテル」
* 正統派のアフタヌーンティーが楽しめるロンドンの老舗ホテル。

② novel 「斬新な、革新的な」*novel（小説）の同音異義語。

③ Sketch〔英〕「スケッチ」
* ロンドンのアフタヌーンティーサロン。モダンなテイストと卵型のトイレが有名。

④ modern 「現代的な」

⑤ pricey 「値段が高い」

⑥ priceless 「（値段がつけられないほどに）貴重な、価値のある」

⑦ marvel<u>l</u>ous 「すばらしい」 *-ll〔英〕

訳

ユキとカレンはスタイリッシュなアフタヌーンティーサロンにいます。

Y：見て！　すごくかわいい！　ピンク色の壁紙がすばらしいわ。ブラウンズホテルみたいな伝統的なティールームに行ったことがあるけど、ここはまさに斬新ね。

K：スケッチはロンドンーユニークでモダンなティールームとして知られていて、紅茶と同様にとてもおいしい食事もいただけるの。

Y：本当にすてきね！　ワォ、ここを見て。まるでアートギャラリーにいるような気分だわ。

K：アートはここの重要なコンセプトだと思う。はい、メニューよ、ユキ。どのコースに興味がおありかしら。

Y：ブリティッシュ・スパークリング・アフタヌーンティーがよさそうだけど、とてもお高いのね。

K：ええ、そう。でも、同じ経験ができるところはほかにはないと思う。こんなすてきな機会を逃すなんて、もったいないな。

Y：経験に値段はつけられないね。分かった。このコースを注文しよう。

K：そうよ！　今はすべてを忘れて、このすばらしいティールームでお姫様気分を味わいましょう。

Track-67

紅茶＆スイーツの英会話

1. Black or white?

(ストレートで、それともミルク入りで？)

解説

紅茶などの飲み物にお砂糖を入れるかどうかを確認するときのフレーズです。black or white のブラックはストレート（何も入れない）、white はミルク入りです。または、Would you like some milk and sugar? と聞かれるかもしれません。両方お願いする場合は I'll take both. と言いましょう。And with sugar, please.（お砂糖もお願いします）、Just milk is fine, thank you.（ミルクだけで結構です。ありがとう）のように希望を伝えます。

2. I'm in the mood for some tea with a fairy cake.

(フェアリーケーキに合わせて紅茶が飲みたい気分だな)

解説

fairy cake〔英〕は「小さなカップケーキ」とイメージしてください。icing〔英〕のかかったシンプルな風合いのかわいいスイーツです。icing は、お砂糖をベースとしたケーキのデコレーションペーストのこと。カタカナで書くとアイシングですが、読み方は“アイスィング”です。

3. Let me put the kettle on.

(紅茶をお入れしますね)

解説

put the kettle on〔英〕はヤカンを火にかける。ここから婉曲的に「紅茶を入れる」となります。

4. I'd like to book afternoon tea for two at 3 pm tomorrow, please.

（明日の午後３時に２名でアフタヌーンティーの予約をお願いします）

解説　book〔英〕は「予約する」という意味でしたね。ユキとカレンはSketchというafternoon teaのお店にいる設定ですが、ここは実在するレストランでして、モダンでスタイリッシュなティーサロンとして知られています。"卵型"のtoiletはとにかく斬新、SNSにも写真がよくアップされています。（Sketchのサイト：　https://sketch.london）

5. Let's treat ourselves to a cream tea.

（クリームティーでご褒美スイーツをしよう）

解説　cream tea〔英〕は、スコーンを濃厚なクリームのクロッティドクリーム（clotted cream〔英〕）とジャムでいただくアフタヌーンティーのミニバージョンです。ミニといってもposh（おしゃれでお高め）感はしっかりと残っているので、自分へのご褒美にまさにピッタリです。

6. The scones were so scrummy.

（スコーンはとてもおいしかったです）

解説　scrummy〔英〕はスラングで「とてもおいしい」。同じ意味のインフォマールな表現にscrumptiousもあります。綴りから読み方がイメージしにくいかもしれませんが、スクランプシャス。下線部分を強く言いましょう。

7. The baker's gradually became popular by word of mouth.

（そのベーカリーは口コミで徐々に人気が出てきました）

解説

baker's〔英〕は、パンやケーキを売る「ベーカリー」のこと。アメリカ英語ではズバリそのまま bakery ですが、実はこの単語はイギリスでも使われています。by word of mouth はいわゆる「口コミ」で、「サイトのレビュー」は online review と言います。

さて、イギリスのパンと言えば、丸くて平たい muffin〔英〕が有名です。トーストしてバターをのせたり、チーズやハムなどをトッピングすれば惣菜パンに。日本では English muffin（イングリッシュマフィン）として知られていますが、これはアメリカ英語の呼び方で、イギリスではそのまま muffin です。ちなみに、crumpet〔英〕（クランペット）というイギリスのパンはご存知ですか。見た目はパンケーキのようで、専用の丸型リングに生地を流し込み焼き上げます。イーストで発酵させるため、表面にポコポコと穴ができるのが特徴で、はちみつや溶かしたバターをかけると、その穴に浸透し、おいしくいただけるというわけです。当方も時々作るのですが、うまく穴ができるときとそうでないときがあり、焼いているときはまったく目が離せません。クランペットはなんといってもこのポコポコが命なのですから！

今すぐ使える！

イギリスのスラング表現

swan off

（気ままにぶらつく）

Jane has gone swanning off to Italy for the weekend.

ジェーンは週末にイタリアまで羽を伸ばしに行った。

あてもなく「気ままにぶらつく」または「歩き回る」を swan off と言います。swan は「白鳥」ですので、自由気ままに「羽を伸ばす」とイメトレしてはいかがでしょう。

イギリス英語の語彙・文法

イギリスでびっくりしたら…

ティールームのあまりのすばらしさに驚きを隠せないユキですが、英語には Wow!（ワォ）をはじめ、様々な間投詞があります。びっくりして、とっさに口をついて出てきたらしめたもの！

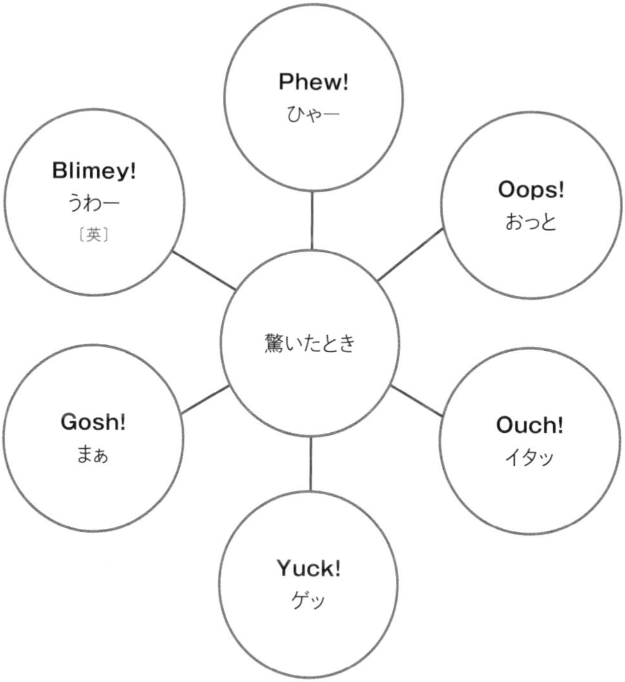

読み方：

phew［フュー］/ oops［ウップス］/ ouch［アウチ］/ yuck［ヤック］
gosh［ゴッシュ］/ blimey［ブライミィ］ ＊イギリスドラマ *Doctor Who* の主人公である「ドクター」のお気に入りフレーズでもあります。

CHAPTER 6

British manners and rules to know

～知っておきたい、イギリスのマナーやルール～

街へ出かけると、ショッピング、食事、移動などにおいて多くの人たちと出会います。レストラン、交通機関を利用するときなど、お互いにマナーを守り、気持ちよく過ごしたいですね。

SCENE 34

Track-68

At a tube station.

ある地下鉄の駅で

(P: 通行人 (= a passer-by)　Y: ユキ)

Yuki is at the bottom of the stairs, trying to go up with her suitcase.

Y：Phew. What should I do with this heavy bag? I've no clue how I'll manage to carry it up there.

(Then, a man approaches Yuki.)

P：Excuse me. Need a hand ① ?

Y：Ah ... is it really OK?

P：Of course. I can imagine it might be hard to carry on your own. Let me help you.

Y：Thank you.

(They are carrying the case ② up towards the way-out. ③)

P：There you go.

Y：Thank you. I really appreciate your help. It's very kind of you.

P：My pleasure. It's nice to be able to lend a helping hand to ④ those in need. Cheers. ⑤ Have a nice day!

Y：You too.

Words & Phrases

① need a hand 「手伝いを必要とする」

② case〔英〕「スーツケース、荷物」

③ way-out〔英〕「出口」

④ lend a helping hand to 「～に手を貸す」

⑤ Cheers.〔英〕「バイバイ。」
＊「ありがとう。」「乾杯。」の意味もあります。

訳

ユキは階段の下におり、スーツケースを持って上がろうとしています。

Y: はぁ、この重いカバンどうしよう。階段の上までどうやって運べばいいのか、見当もつかないわ。

（そのとき、男性がユキに近づく）

P: すみません。お手伝いが必要ですか。

Y: あの、本当にいいんですか。

P: もちろんです。一人で運ぶのは大変だと思いますよ。手伝わせてください。

Y: ありがとうございます。

（ふたりは出口に向かってスーツケースを運び上げる）

P: はい、着きましたね。

Y: ありがとうございます。とても助かりました。ご親切にしていただきありがたいです。

P: どういたしまして。お手伝いを必要としている方に手を貸せるのはうれしいことです。バーイ。よい一日を！

Y: あなたも！

Track-69

交通機関の英会話

1. Help people who need a hand.

（お手伝いを必要としている人に、手を差し伸べよう）

解説　a handは手から派生し「手助け」となります。日本語でも「手を貸す」「手を差し伸べる」と言いますので、考え方は基本的に同じです。なお、need a handは重い荷物を運んだり、移動させたりなど、力作業の助けを要するときに使われることが多いですね。

---

2. I exchange smiles with strangers passing in the street, and it never happened in Japan!

（知らない人とすれ違いざまに笑顔を交わすけど、日本ではあり得なかったこと!）

解説　すれ違いざまに笑顔でにっこり、というのはイギリスの街角ではよくありますが、とてもすてきな習慣ですよね。“笑顔を交換し合う”ということでsmile（笑顔）は複数形に。

---

3. Here in London, "subway" means either an underpass or a sandwich shop.

（ここロンドンでは、「サブウェイ」は地下道かサンドイッチ屋のことを指すんだ）

解説　subway〔英〕は「地下道」のこと。地下鉄の駅に行くつもりでsubwayの標識に沿って階段を降りて行ったとしても、駅の構内には辿り着かないのでご注意を。

4. In my opinion, it's best to travel by tube in London.

（私の意見としては、ロンドンは地下鉄で移動するのがベストですね）

解説

tube〔英〕は「地下鉄」の愛称で、正式名はthe underground〔英〕です。トンネルの形状がチューブ型になっていることからtubeの愛称がついたと言われています。

Taking the underground or bus, either is fine for me.は「地下鉄でもバスでもどちらでもいいよ」ですが、実にロンドンの地下鉄は使い勝手がよいと思います。ただし、northboundやsouthboundなどにはご注意を。「北方面」「南方面」という意味で、線が途中で分岐している場合、どのbound（方面）行きに乗ればよいのかを確認する必要があります。

5. Where can I top up the Oyster Card?

（オイスターカードはどこでチャージできますか）

解説

ICカードはOyster Cardと呼ばれており、その名も“牡蠣のカード”です。チャージするはtop up〔英〕と言います。ICカードがピッと反応しない場合はMy card won't swipe.（カードが反応しません）と伝えて、対応してもらいましょう。

また、top upには「飲み物を注ぎ足す」という意味もあります。ワインのグラスが空になったらソムリエさんが近づいて来て、Would you like a top up? と言ってくださるでしょう。当方は庶民派なので、あいにくそのような機会はございませんが。

6. Mind the gap.

（足元にお気をつけください）

解説　「電車とホームの隙間にご注意ください」というアナウンスで、“マインドザギャープ”と注意が促されます。MIND THE GAP〔英〕のロゴがプリントされたマグカップやＴシャツはお土産としても人気で、スーベニアショップなどで購入することができます。すでにお持ちの読者さんも多いのではないでしょうか。

7. You can survive with three words, “Thank you”, “Sorry”, and “Please”.

（「ありがとう」「ごめんなさい」「お願い」の3つがあれば、どこでも生きていけるよ）

解説　実際、イギリスにいると sorry をよく耳にすると感じますが、考えてみれば日本人も割とよく使っていますよね。なお、survive は「生き残る」以外にも（なんとか）うまくやっていくといった軽めのニュアンスでも使われます。

今すぐ使える！

イギリスのスラング表現

gutted

（とても落ち込んだ）

I was gutted when I broke up with Alice.

アリスと別れて、めちゃくちゃ落ち込んだ。

動詞の gut は「完全に破壊する、ダメにする」という意味。ここから gutted は「とても落ち込んだ」という形容詞になります。読み方は「ガッティッド」。

イギリス英語の語彙・文法

「さようなら」を3つの場面で使い分ける

Good bye. はフォーマルな表現で、いわゆる日本語の敬語に近いイメージです。友人に「では、さようなら～」と言って手を振ったなら、「えっ、そんなにかしこまって、なぜ？」と思われるかもしれませんが、Good bye. にも似たようなニュアンスが含まれることがあります。そういった勘違いを避けるためにも、別れ際のあいさつはしっかりと身につけておきたいものです。ここでは3つの場面に設定していますので、しっかりと覚えてくださいね。

場面設定	別れ際のあいさつ
フォーマル	**Good bye.**（さようなら） **It was pleasure meeting you.** （お会いできて嬉しかったです） **I look forward to seeing you again soon.** （またすぐにお目にかかれるのを楽しみにしています）
一般的	**See you.**（またね） **See you soon.**（またすぐにね） **See you later.**（またあとで）
カジュアル	**Bye.**（バーイ） **See ya.**〔英〕（じゃあね） **Cheers.**〔英〕（じゃあ）

Cheers. はとてもイギリス的なフレーズで、場面によっては「ありがとう」としても使えます。See ya. は See you. のカジュアルバージョンです。

SCENE 35

Track-70

In front of a famous restaurant.

有名レストランの前で

(Y: ユキ　Q: 列に並んでいる男性)

Yuki talks to a man standing at the end of the queue ①.

Y：Excuse me. Are you queuing for this restaurant?

Q：Yes, we are. You could stand right after us, I suppose. I'm at the end.

Y：May I ask how long you've been waiting?

Q：About 30 minutes or so. The queue hasn't moved an inch. ② Unfortunately, ③ it looks like we'll be waiting ages. ④

Y：Oh, no. Maybe we should come back some other time...

Q：The thing is...this place became very popular overnight when a famous youtuber raved ⑤ about their signature dish. ⑥ The video has gone viral ⑦ and it's been chock-a-block ⑧ since.

Y：Actually, I'm one of those who watched the video.

Q：Ha-ha, so am I. Oh, look. The couple at the top have just gone in.

Y：That's good. OK, shall we wait here then, Jean-Paul?

Words & Phrases

① queue〔英〕「列」
② not move an inch「まったく動かない、全然進まない」
③ unfortunately「あいにく、残念ながら」
④ wait ages〔英〕「長い間待つ」
⑤ rave〔英〕「絶賛する」
⑥ signature dish「(レストランなどの) 名物料理」
⑦ go viral「ネットで拡散する」
⑧ chock-a-block〔英〕「人だかり」

訳

ユキは列の最後に立っている男性に声をかけます。

Y: すみません。こちらのレストランに並んでいますか。

Q: ええ、そうです。後ろに立てばよいかと。僕たちが列の最後尾なので。

Y: どれくらい待っていますか。

Q: 30分ぐらいかな。列はちっとも動いていませんよ。残念だけど、この先ずっーと待たなきゃいけないかもしれません。

Y: あー、そうかぁ。たぶん、また別の機会に来たほうがよさそうかも。

Q: 実は、有名ユーチューバーがここの名物料理を絶賛したことで、あっという間に人気店になっちゃったんですよね。そのビデオが拡散されてからというもの、この人だかりなんです。

Y: 実は、私もそのビデオを見たひとりなんです。

Q: ハハハ、僕もです。あ、見て。先頭のカップルが入った。

Y: よかった。オーケー、じゃあ、ここで待ちましょうか、ジャンポール。

endの色々な表現

1. Get to the end of the queue, please.

（列の最後尾に行ってください）

解説

ここでのendは「端」のこと。なお、ユキとジャンポールの会話にqueue（列、列に並ぶ）という単語が登場しますが、横入りしようものなら上記のセリフを言われるか、またはpleaseなしの場合もあるでしょう。とりわけ、イギリスでは列にきちんと並ぶというのは、誰もが順守しなければならない大切な社会のルールなのです。endの箇所はbackに入れ替えて使うこともできますが、endであってもbackであっても、列に入るときは最後尾にまわりましょう。p243にqueueの使い方（単語の用法であって、並び方の指南ではありません！）を掲載していますので、そちらもお読みください。

---

2. At the end of the day, it's your decision.

（結局のところ、君が決めることだよ）

解説

at the end of the dayをそのまま訳すと「その日の終わりに」ですが、“これ以上はない”を示すendから派生して、「結局のところ」や「つまるところ」の意味で使われます。突き放しているようにも取れますが、話者なりの結論や見解で話を締めているというわけです。次の表は、様々な曲折を経て、最後に落ち着いたことを表す単語や句の一覧です。

after all	結局は
in the end	最後には
at the end of the day	結局のところ、つまるところ
eventually	最後に、ゆくゆくは
in the long run	長い目で見れば、長期的には
finally	ついに、とうとう

3. I won't lend you any more money – end of story.

(もうお金は貸さないよ。以上)

解説

このendはジ・エンドのエンド、つまりは「終了」を指しています。end of storyを直訳すると「物語の終わり」ですが、これ以上話すことはないことを示唆しています。厳しめの口調からも分かる通り、このフレーズはネガティブな結果をもたらすであろう場面で、それを突き放すかたちで用いられます。まさに日本語の「以上!」がぴったりとはまるフレーズと言えるでしょう。

4. Thanks for your message. It cheered me up no end. Yeah, it's time to move on.

(メッセージをありがとう。とても勇気づけられた。ああ、ついに前に進む時が来たんだ)

解説

no endは口語表現で「とても」、つまりvery muchの言い換え表現です。It upset me no end.であれば「とても動揺してしまった」となります。

5. I finally jumped in at the deep end, moved to the country, and started farming.

(ついに田舎に引っ越し、農業を始めるという決断に至った)

解説

the deep endは、プールなどの“最も深いところ”。つまり、jump in at the deep endはプールの一番深いところに飛び込むですが、ここから派生し「見知らぬ世界を体験する」や「新しい環境に身を置く決心をする」という意味になります。なお、勇気を持って深淵へダイブするわけですから、リスクや危険を伴う背景があるのです。

6. I was <u>at a loose end</u>, so I decided to go to the art gallery.

（何もすることがなかったので、アートギャラリーへ行った）

解説

at a loose end〔英〕は「何もすることがない」という口語表現ですが、もうちょっと細かく見てみると、“ヒマを持て余している”＋“何かおもしろいことはないか”という2つの意味合いを兼ねています。船のロープが緩い状態（= loose）で、その端をどこかに縛り付ける必要のあることが語源とも言われています。つまり、行き場のないロープが行き場を求めているのです。アメリカ英語ではat loose endsのように“両端”になります。

今すぐ使える！

イギリスのスラング表現

heaving

（人でごった返した）

The shop was heaving with shoppers on the opening day.
開店初日、その店は買い物客でごった返していた。

heavingは形容詞で、店や通りが「人でごった返した」「混雑している」という意味。「ヒーヴィング」と読みます。

イギリス英語の語彙・文法

イギリス人の秩序と忍耐、その名も「キュー」

イギリスで最初に学ぶべき公共マナーは、なんと言っても“列に並ぶこと”でしょう。「列」はqueueと書き、cue（ヒント）やQと同じ読み方をします。アメリカ英語のlineにあたる単語ですが、イギリスで「列」と言えばqueueなのです。Are you in the queue?(列に並んでいますか？)と聞かれて、「キュー、何？」と慌てることのないよう、しっかりと覚えておいてくださいね。

- queue（キュー）
  - stand in a queue（列に並ぶ）
  - join the queue（列に入る）
  - a long queue（長蛇の列）
  - jump the queue（列に割り込む）
  - a queue of traffic（車の列 ／交通渋滞）

a queue of trafficは「車の列」ですが、ゴールデンウィーク最終日の「渋滞」のようなイメージで使われることもあります。また、We had to queue up to get into the cinema.（映画館に入るため、列に並ばなければならなかった）のように動詞としても使えます。ちなみに、イギリスでのjump the queueは掟破りの行為と見なされますので（冷たい視線が飛んでくる…）、みんなで仲良く並びましょう。

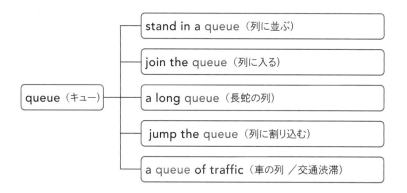

SCENE 36

Track-72

At the bus stop.

バス停にて

(Y: ユキ　K: カレン)

Yuki and Karen have just gotten out of the bus, then it starts raining.

Y：The weather was nice ① a while ago, but now it's started to rain.

K：Britain is famous for its changeable ② weather, you know?

Y：Right. An umbrella has become a must-have item ③ for me.

K：Has it? To be honest, I don't usually bring one at all.

Y：Don't you ever get wet, Karen? Or is it another "typical British thing", I wonder?

K：Well, my mum ④ always carries one, so I can't generalise, ⑤ but I would say yes. Many British people find carrying an umbrella pointless ⑥ because it rains all the time in this country!

Y：Well, that makes sense. Anyway, you can share mine, or shall we find shelter from the rain ⑦?

K：Good idea. We've still got an hour before the film starts. Let's pop into ⑧ the caff. Their jam doughnuts ⑨ are really something. You have to try them!

Words & Phrases

① nice〔英〕「天気がいい、晴れている」

② changeable 「変わりやすい」

③ a must-have item 「必需品」

④ mum〔英〕「ママ」*mum はイギリス式の綴り。アメリカ英語は mom。

⑤ generali<u>se</u> 「一般化する」*-se〔英〕

⑥ pointless 「無駄だ、(トライしても) 意味がない」

⑦ find shelter from the rain 「雨宿りできる場所を探す」

⑧ pop into〔英〕「ちょっと寄る」

⑨ jam doughnut 「ジャムドーナツ」
* ストロベリーなどのジャムが入ったイギリスで人気のドーナツ。

訳

ユキとカレンはバスから降りると、雨が降り出します。

Y: さっきまで天気がよかったのに、雨が降り始めてきた。

K: イギリスは変わりやすい天気で有名だからね。

Y: その通りだわ。傘はなくてはならない必須アイテムよ。

K: そうなの？　正直言って、私はいつも持ち歩かないけど。

Y: 濡れてもかまわないの、カレン？　それとも、これも"イギリスあるある"なのかしら。

K: うーん、私の母はいつも持ち歩いているから一概には言えないけど、でも、答えはイエスかもね。この国ではいつも雨が降っているので、多くのイギリス人は、傘を持ち歩いてもしょうがないと思っているのよ。

Y: まあ、理にかなってはいる。とにかく私の傘に入るか、雨宿りできるところを探しましょう。

K: そうね。映画の上映まであと1時間あるわ。あそこのカフェに入ろうか。そこのジャムドーナツは、ほかにはないおいしさよ。トライするべき！

Track-73

天気の英会話

1. British people don't always use an umbrella in the rain.

(イギリス人は雨が降っても常に傘をさすわけではありません)

解説　これに関しては賛否両論があるかもしれません。持つ人は持ちますし、持たない人は持たないで外出するでしょう。ステレオタイプは避けたいところですが、それでもロンドンを歩いていると、個人的には傘をささない人が結構いるなぁという印象があります。people-watching から文化や考え方の違いが垣間見えるのはおもしろいですね。

---

2. Don't forget to bring your brolly.

(傘を忘れずにお持ちください)

解説　brolly〔英〕は umbrella の口語表現で「ブローリィ」と読みます。現地で天気のことを流暢に言えるようになったら一人前。会話の切り出し(ice-breaker)に最も適していると言っても過言ではないのが天気についてのトピックです

---

3. It's raining, so bring your cagoule.

(雨が降っているから、カグールを持って来て)

解説　雨の日に着用するフード付きのプルオーバーのジャケットを cagoule〔英〕と言います。読み方が気になるところですが「カグール」です。ちなみに、reflective waistcoat はご存知でしょうか。工事現場の作業員や警察官などが着用する黄色や黄緑などの目立つ色を使ったベストのこと。なお, イギリスでは「ベスト」は waistcoat〔英〕と呼ばれています。

4. It's awfully hot this summer. Mind you, it was even hotter last summer.

(今年の夏は猛暑だよ。でもね、去年の夏はさらに暑かったよね)

解説

イギリス英語の表現は、ともすれば意味がつかみにくいと感じることがあるかもしれません。オブラートに包まれていることも多々ありますが、これも国民性や気質の表れなのでしょうか。さて、mind you〔英〕もそんな"オブラートに包まれた系"の表現でして、使い方もやや独特です。言ったことに対しての補足や付け足しに使うのですが、「言っておくけどね」「断っておくけど」「いいかい」のように、やんわりと釘を刺したり、諭したりするニュアンスがあります。では、次の例文を見てみましょう。

1. John looks young. Mind you, the photo was taken seven years ago.
2. You could say the restaurant is good. Mind you, there are lots more good ones.

1 「この写真のジョンは若いよ。言っておくけど、7年前のものだからね」

2 「確かにあのレストランはおいしい。だけどいいかい、他にもいいところはたくさんあるからね」

このように、mind youは①相手の注意を引く、②前言と対照的なことを述べるというふたつの要素がうまく絡み合った表現なのです。

5. Jake is an anorak, and he knows computers inside out.

（ジェイクはオタクで、PC のことを知り尽くしている）

解説　anorak〔英〕（アノラック）はフード付きの防寒具ですが、スラングでオタクの意味があります。トレインオタクにアノラックを着ているイメージがあるからだとか。

---

6. They're arguing about what to eat for lunch. Well, it's a storm in a teacup.

（彼らはランチで何を食べるかモメている。ま、些細なことで大騒ぎしているだけだよね）

解説　a storm in a teacup〔英〕は、取るに足りないこと、どうでもいいようなことに大騒ぎすることを、ティーカップに吹き荒れる嵐に喩えています。波風はあるにしても、カップの中ですから規模もさぞかし小さいことでしょう。

今すぐ使える！

イギリスのスラング表現

blow hot and cold

（態度をコロコロ変える）

Pete said "yes" and then said "no" the next day.
He keeps blowing hot and cold!

ピートは「イエス」と言っておきながら、翌日には「ノー」。
彼は態度をコロコロ変えるんだ！

イソップ寓話が語源と言われています。ある時は、かじかんだ手に息を吹きかけ（＝手を温める）、またある時は熱いスープに息を吹きかけ（＝スープを冷ます）、なぜ人はこのような使い分けをするのか－神の人間に対する不信感を「ご都合主義」に喩えた表現です。

イギリス英語の語彙・文法

スモールトークは天気の話題から

イギリスは「一日に四季がある」と言われるほど天候がよく変わるので、天気の話題は世間話やスモールトークに欠かせません。hot や cold だけだと物足りない、あれもこれも表現したい！という皆さんのご要望にお応えし、天気＆天候のバリエーションをお届けします。

ベーシック	意味	こんな単語も使ってみよう
hot	暑い	**boiling, scorching, baking**〔英〕 うだるような／灼熱の／焼けつく
cold	寒い	**chilly, nippy, parky**〔英〕**, freezing cold** ひんやりとした／ちょっと寒い／肌寒い／凍りつくように寒い
humid	湿度の高い	**muggy, steamy, damp** むしむしする／蒸し暑い／湿った
sunny	晴れの	**lovely, clear, fine, glorious** すてきな／快晴の／晴天の／よく晴れた
cloudy	くもりの	**overcast, gloomy, grey**〔英〕 雲に覆われた／うす暗い／どんよりした
rainy	雨降りの	**drizzly, showery, bucketing down**〔英〕 霧雨の降る／にわか雨の／（バケツをひっくり返したような）土砂降りの
windy	風の吹いた	**blowy, gusty, stormy** 風の強い／風が吹きすさぶ／嵐の

なお、hot と cold の間に warm（暖かい）と cool（涼しい）が入ります。どちらも心地よさの感じられる単語です。

SCENE 37

Track-74

On the escalator in the restaurant building.

飲食店ビルのエスカレーターで

(K: カレン　Y: ユキ)

Yuki and Karen are going up to a rooftop bar by escalator.

K：Ah, Yuki. I think we have to stand on the right.

Y：Oops, how stupid ① of me. I did it again.

K：No, no, it's very confusing, ② isn't it? You stand on the left side of the escalator in Tokyo and stand on the other side in London.

Y：I'm fully aware of ③ it, but somehow ④ I end up ⑤ making such silly ⑥ mistakes.

K：I would do the same if I were in Tokyo. All right, we've reached the rooftop bar. ⑦

Y：Karen, the notice says the lift ⑧ runs non-stop between the ground floor ⑨ and the rooftop.

K：Brilliant. Shall we use it when going down, then?

Y：Or I can try the escalator again. It could be good practice for me!

Words & Phrases

① stupid 「おバカな」
② confusing 「紛らわしい」
③ be aware of 「〜に気づく」
④ somehow 「どういうわけか」
⑤ end up 「〜で終わる」
⑥ silly 「間抜けな」
⑦ rooftop bar 「ビルの屋上のバー」
⑧ lift〔英〕「エレベーター」
⑨ ground floor〔英〕「（建物の）1階」

訳

ユキとカレンはビルの屋上にあるバーに向かってエスカレーターで上がっているところです。

K: あ、ユキ。右側に立たなきゃならないと思うけど。

Y: おっと、なんとバカなことを。またやっちゃった。

K: ううん、とても紛らわしいよね。東京のエスカレーターでは左側で、ロンドンでは反対側に立って。

Y: 分かってはいるんだけど、間抜けなミスをしてしまうのよね。

K: もし私が東京にいたら同じことをやっちゃうと思うわ。さてと、屋上のバーに到着したわよ。

Y: カレン、お知らせによるとエレベーターは1階と屋上をノンストップで運行しているみたい。

K: 最高じゃない。じゃあ、降りるときに使おうか。

Y: それか、もう一度エスカレーターでチャレンジができるわね。私にとっていい訓練になるかもしれないじゃない！

Track-75

街なかの英会話

1. At the shop entrance or the lift, we hold the door for anybody behind us.

（お店の入り口やエレベーターでは、後ろにいる人のためにドアを押さえます）

解説

lift〔英〕は「エレベーター」のことで、文字通り、「持ち上げること」が由来です。ほかにも、人を車に乗せることとして使われますので、Thanks for giving me a lift.〔英〕は「車で送ってくれてありがとう」です。アメリカ英語では ride が使われますから give me a ride となりますね。

---

2. Keep right.

（右側通行です）

解説

エスカレーターの「右側に立つ」は、Stand on the right side of the escalators. と言います。KEEP RIGHT は掲示や標識で「右側通行」です。なお、keep を使った英語の標識は他にもいろいろとあり、ルールは順守しましょうということで、その中のいくつかをご紹介いたしますね。

KEEP RIGHT	右側通行
KEEP LEFT	左側通行
KEEP OUT	立ち入り禁止
KEEP AWAY	近づくな
KEEP CLEAR	道をふさぐな

3. The restaurant is in a three-storey building.

（そのレストランは３階建てのビルに入っています）

解説

意外だと思われるかもしれませんが、物語と階数は同音異義語で、どちらも story です。その昔、大きな建物の飾り窓に歴史物語を描く習慣があったことが語源とも言われており、要は「絵の枚数」が「建物の階数」を示していたというわけです。なお -storey〔英〕はイギリス式の綴りです。

4. The bookshop is on the first floor next to the florist's.

（その本屋は２階の花屋の隣だよ）

解説

イギリスでは「1階」は the ground floor〔英〕、「2階」は the first floor〔英〕です。数え方にお間違えのないよう。florist's〔英〕はフラワーショップで、florist はそこで働く人のこと。人に's を付けると店舗になるのです。どの単語にでも同じ条件が当てはまるわけではないのですが、例えば個人商店などは当該ルールが比較的よく使われています。

働く人		そのお店	
a florist	花屋の店員	the florist's	花屋
a hairdresser	美容師	the hairdresser's	美容院
a butcher	肉屋の店員	the butcher's	肉屋
a greengrocer	青果商	the greengrocer's	青果店

5. Go through the side street, and you'll reach the high street. It's the quickest way.

(抜け道を行けば、目抜き通りに出られますよ。一番の近道です)

解説　high street〔英〕は“高いところにある道”ではありません！　アメリカ英語の main street にあたり、目抜き通りのことです。

---

6. Text me when you can see the zebra crossing. I'll pick you up there.

(横断歩道が見えてきたら、テキストメッセージを送って。迎えに行くから)

解説　シマシマの模様から「横断歩道」は zebra crossing〔英〕と呼ばれています。なお、イギリスでは zebra は「ゼブラ」と読みます。アメリカ英語では「ズィーブラ」です。

今すぐ使える！

イギリスのスラング表現

squash up

(〔席を〕詰める)

Squash up, please.
席を詰めてください。

squash は「押し込む」ですが、squash up で「座席を詰める」に。

イギリス英語の語彙・文法

イギリス式の「階数の数え方」に慣れよう

日本の「1階」はイギリスでは ground floor（グランド・フロア）と呼ばれており、グランド・フロアを起点に2階、3階…と階数が増えていきます。実は、日本での数え方はアメリカ式なのです。ちなみに、イギリスの百貨店には次のようなフロアガイドが置かれています。ご参考までに、一般的によく使われる概要も入れておきますね。

日本	〔英〕	読み方	フロア概要／カテゴリー
5階	**4**	**fourth floor**	**Childrenswear** （子供服）
4階	**3**	**third floor**	**Home & Furniture** （家庭用品&家具）
3階	**2**	**second floor**	**Menswear** （紳士服）
2階	**1**	**first floor**	**Womenswear** （女性服）
1階	**G**	**ground floor**	**Beauty** （コスメ）
地下1階	**LG**	**lower ground floor**	**Gift Shop** （ギフトショップ）

LG は「地下1階」（= basement）のことで、lower と ground のそれぞれの頭文字を取った略語です。イギリスの階数の数え方は、日本人にとってはややこしいのですが、兎にも角にも「1階」が ground floor であることを頭に叩き込みましょう。ソフトに優しく、リアルにイメトレを。

SCENE 38

Track-76

In the nearby park.

近所の公園で

(K: カレン　Y: ユキ)

Yuki has some questions about social manners in the UK and asks Karen about it.

K：I avoid asking personal questions when I meet someone for the first time. Many Brits ① will agree with me, I think.

Y：What sort of questions is it better to avoid?

K：Something like "How old are you?", "Are you married?" not to mention ② "How much money do you make?".

Y：How about their occupation ③ ? Would you ask them about that?

K：In my opinion, it's OK. But I would probably give a bit of information about my job first. Like, "I work in a PR company and I'm an assistant director, blah blah blah ④ ..."

Y：In that case, the listener feels easier to talk about themselves.

K：That's the point. However, it's totally all right to become more personal ⑤ when you get to know them a bit better.

Y：I see. That's why you know how old I am, Karen!

Words & Phrases

① Brit〔英〕「イギリス人」[口語]

② not to mention 「言うまでもなく」

③ occupation 「職業」

④ blah blah blah「などなど」
＊「ブラーブラーブラー」と読みます。

⑤ personal「個人的な、私的な」

訳

ユキはイギリスの社交マナーについて質問があり、カレンに聞いています。

K: 初対面の人には個人的な質問をすることは避けるわ。イギリス人の多くはきっと同意してくれると思う。

Y: 避けたほうがいい質問にはどんなのがあるの?

K:「あなたは何歳ですか」や「結婚していますか」、言うまでもなく「あなたはいくら稼いでいるの」とか。

Y: 職業についてはどうかな。それについては聞いたりする?

K: 自分の意見を言うなら、問題はないと思う。だけど、私ならまず自分の仕事について少し情報を伝えるかな。「私は PR 会社で働いていて、アシスタントディレクターをしています、などなど…」

Y: その場合、聞いている側は自分について話しやすくなるね。

K: そこがポイントなの。だけど、さらに気心の知れた間柄になれば、個人的なことを質問してもまったく問題ないわよ。

Y: なるほど。だからカレンは私がいくつなのかを知っているのね!

対人関係の英会話

1. Joe caught me on the raw when he brought up my recent divorce.

(ジョーが僕の最近の離婚について触れたとき、痛いところを突かれたと思った)

解説

catch 人 on the raw は「人の痛いところを突く」「弱点に触れる」。raw は定冠詞の the が付くと「擦り傷」という意味になります。(傷に触れられたら、うーん、確かに痛そう!)このフレーズでは名詞の扱いですが、形容詞としての raw には様々な用法があります。

1	(食べ物が) ⇒生の	**raw egg** (生卵)
2	(情報が) ⇒未処理の	**raw data** (生データ)
3	(原料が) ⇒未加工の	**raw cotton** (原綿)
4	(感情が) ⇒あからさまな	**raw hostility** (むき出しの敵意)
5	(人が) ⇒未熟な	**raw recruits** (新兵)
6	(手などが) ⇒擦りむけた	**a patch of raw skin** (赤く擦りむけた皮膚の部分)
7	(天候が) ⇒とても寒い	**a raw January morning** (寒々とした1月の朝)

2. John popped the question and Jane said yes.

(ジョンはプロポーズをして、ジェーンはイエスと言った)

解説

pop the question は propose のインフォーマルな言い回し。文字通り、質問(ここでは求婚)がポンと飛び出すイメージです。marry(結婚する)にも tie the knot というスラング表現があります。knot は結び目ですが「縁」や「絆」という意味で使われます。"結び目を作る=縁を結ぶ=結婚する"となるわけです。日本語の"縁結び"と似たような発想ではないですか!

3. My sister was a rock when I was sick.

（私が病気だったとき、姉が支えになってくれた）

解説

rockを「岩」→「砦」→「心のよりどころ」の順にイメージしていくと、例文の意味にたどり着きます。岩そのものは強固ですから“自分を支えてくれる人”となるわけです。また、家具などが「頑丈だ」はsolid as a rock。solidとrockの順をひっくり返せばrock-solid（安定した）という形容詞に。このように、単語をパズルのように入れ替えていくことで語彙力のアップに繋がります。私はこれを英単語のリサイクルと呼んでいます。他の例を挙げるとcatch somebody's eye（〜の目に留まる）は、下線箇所を入れ替えればeye-catching（人目を引く）に。

4. The guy is a nasty piece of work and really good at cheating.

（ヤツは信用できない上、人をだますのがとても上手い）

解説

workとあるのでイヤな仕事?と思ったかもしれませんが、a nasty piece of workは「信用できない人」のこと。実にnastyは「意地の悪い」「タチの悪い」「悪意のある」といったように、名詞とくっ付いてよからぬ行動や好ましくない発言を示唆します。

・a nasty old man（意地の悪い老人）
⇒ 例えば、犯罪ドラマの目撃者にいそうなタイプ

・a nasty rumour（タチの悪い噂）
⇒ いわゆる、タブロイド紙にありそうな記事

・a nasty comment（ひどいコメント）
⇒ 言うならば、炎上中のSNSサイトの暴挙や暴言

他にもa nasty tasteであれば「まずい味」、a nasty jobは「嫌な仕事」。こうなるともうnastyはありとあらゆる不快なことに使えそうです。

5. Her ex was dodgy, and the new guy is even dodgier!

（彼女の元カレはうさん臭い人だったけど、新しい彼氏はさらにうさん臭そう!）

解説

dodgy〔英〕は、人であれば「うさん臭い」、状況であれば「危なっかしい」、機械であれば「調子が悪い」です。こうやって文字にすると堅苦しい感じがしますが、そもそもスラング表現ですので、一言で言うと“ヤバイ”です。p133 の -y の付いたスラング表現にも出てきましたね。

6. Every Tom, Dick and Harry has an Instagram account these days.

（猫も杓子もインスタグラムのアカウントを持っているよね）

解説

every Tom, Dick, and Harry は「猫も杓子も」。トム、ディック、ハリーが一般的なファーストネームであったことに由来していると言われています。なお、英語にも“名無しの権兵衛”に似た表現があります。男性は John Doe（ジョン・ドゥ）、女性は Jane Doe（ジェーン・ドゥ）です。単に名前を知らないということだけではなく、身元不明者や法廷などで実名を伏せる場合の仮の名としても使われます。

今すぐ使える!

イギリスのスラング表現

sacked

（クビになる）

Henry was hired a month ago and sacked a month later.

ヘンリーは 1 ヶ月前に雇われて、1 ヶ月後にクビになった。

sacked は fired と同義です。名詞として使う場合は get the sack（クビになる）。

イギリス英語の語彙・文法

sort と kind は似たもの同士

kind と sort は「タイプ」や「種類」のことですが、特に言い切りを避けたいときや、コトバがすんなり出て来ないときなどに使われます。アメリカではkind、イギリスではsort がよく使われる傾向にあります。そうです、CHAPTER 2 の SCENE 13 にて、ユキは「all sorts of beer を飲む！」と宣言しておりました。

It's sort of strange. 〔なんだか〕

He's sort of like lazy. 〔なんていうか〕

Sort of. 〔まあね〕

With a guacamole sort of thing. 〔みたいなもの〕

I want to try all sorts of British food. 〔あらゆる〕

和訳：なんだかヘンだよ。
彼ってなんていうか、怠け者だよね。
まぁね。
ワカモレみたいなやつと。＊アボカドをベースにしたディップ。
ありとあらゆるイギリス料理にトライしたい。＊そして、勇気を讃えたい。

ちなみに、it takes all sorts はイギリスのスラングで「世の中にはいろんな人がいる」という意味。直訳そのままに all sorts は「ありとあらゆる人々」。なお、it takes all sorts to make the world とも言います。

SCENE 39

Track-78

Dinner is finished.

夕食を終えて

(Y: ユキ　T: トニー)

Yuki and Tony are discussing some etiquette ① in public places.

Y：I give up my seat on public transport ② whenever necessary. I mean when I'm on a bus, train or underground. ③ I often see others doing the same in London.

T：Yes, I can imagine. "Being kind and nice to others" is common sense rather than a rule, isn't it?

Y：Exactly. So, I feel a bit uncomfortable when I spot a passenger who doesn't know how to behave. ④

T：I would be very annoyed. ⑤ If I didn't give up my seat, other passengers might pull a face ⑥ and tut ⑦ at me.

Y：Tut?

T：Right. It's rude ⑧ to tut, but it's a signal to warn the passenger to mind their manners. ⑨

Y：Hmm, I never thought about it if it's the case in Japan, but etiquette is important in public places.

T：Exactly. We can always make the world a better place if we're familiar with etiquette.

Words & Phrases

① etiquette 「エチケット」
② transport〔英〕「交通機関」＊アメリカではtransportationが一般的。
③ underground〔英〕「地下鉄」＊tubeは愛称です。
④ behave 「分別のある行動をする」
⑤ annoyed 「イライラした」
⑥ pull a face 「顔をしかめる」
⑦ tut 「「チッ」と舌打ちをする」
⑧ rude 「失礼な」
⑨ mind one's manners〔英〕「マナーに気を付ける」

訳

ユキとトニーは公共の場でのエチケットについて意見を交わしています。

Y: 公共の交通機関では、必要に応じて席を譲りますね。つまり、バスや電車、または地下鉄に乗っているときということです。ロンドンでも同じような人たちをよく見かけます。

T: そうだね。「人に優しく」というのはルールというよりは常識だから。

Y: まさにそうですよね。なので、分別のない乗客を見ると、ちょっといやな気持ちになっちゃいます。

T: 僕ならとてもイライラすると思う。仮に自分が席を譲らなかったら、ほかの乗客は怪訝な顔をしてチッと舌打ちをするかもしれない。

Y: 舌打ち？

T: そう。舌打ちは無礼なことだけど、そんな乗客のマナーの悪さを気づかせるために鳴らす警笛でもあるからね。

Y: うーん、日本でのケースを考えたことはなかったけれど、公共の場でのエチケットは大事ですよね。

T: そうだね。それを知っていれば、世界はもっと住みやすくなるはずだよ。

Track-79

イライラの英会話

1. The traffic was nose to tail, so it took us ages to get to the hotel.

（車が数珠つなぎ状態だったので、ホテルに着くまでにものすごく時間がかかった）

解説

nose to tail〔英〕はそのまま訳すと鼻から尻尾まで。それを長いと見るか、短いと見るかは皆さんの判断にお任せするとして、車が数珠つながりになっている、つまり「渋滞していること」を表す表現です。同様の意味でアメリカ英語には bumper to bumper がありますが、こちらは（車の）バンパーからバンパーへですから状況を想像しやすいですね。

---

2. I can see that John is angry, but he isn't saying anything. Maybe it's just the calm before the storm.

（ジョンが怒っているのが分かる。でも彼は何も言わない。たぶん、嵐の前の静けさなんだろう）

解説

the calm before the storm はまさに日本語の訳がピッタリはまる表現ですね。なお、calm を使ったフレーズに Keep calm and carry on.（冷静に戦い続けよ）があります。元々は戦時中にイギリス政府が国民へ冷静さを呼びかけるために作ったスローガンだったのですが、現在では keep calm and …がパロディー化され、自由な発想による創作があちらこちらで見受けられます。次は、私から皆さんへ。

KEEP CALM
and
STUDY HARD

3. When we got home from the airport, it was already gone midnight.

（空港から戻ったとき、すでに深夜 12 時過ぎだった）

解説　gone〔英〕は口語で「～過ぎ」という意味です。It's gone 5 o'clock. のように時間を続けます。

4. I didn't see eye to eye with my brother and quarreled with him.

（兄と意見が合わず口論になった）

解説　not see eye to eye は、目が合わないではなく「意見が合わない」です。否定形で用います。なお、この文の quarrel の品詞は動詞ですが、名詞ですと「口論」や「いさかい」に。また、ややフォーマルな語彙ではありますが opposition もあります。They expressed their opposition to the closing of the local hospital.（彼らは地元の病院の閉鎖に反発を示していた）のように「反対」「反発」という意味で使われます。では、類語をまとめてみましょう。どれも基本的には対立を表しているのですが、ニュアンスが微妙に異なりますね。

単語	opposition	conflict	disagreement	clash	objection
意味	反対	論争	意見の不一致	衝突	異議

5. I threw in the towel after just one week at the new job.

（新しい仕事を始めた 1 週間後に辞めてしまった）

解説

ボクシングの試合で、これ以上は闘えないとセコンドが判断したとき、タオルをリングに投げ入れますよね。throw in the towel はまさに敗北や放棄の意味で使われるフレーズです。なお、wave a white flag もありますが、こちらは降参するです。文字通り、「白旗を振る」ということ。

6. I was completely knackered, so I fell asleep watching TV.

（あまりに疲れていて、テレビを観ながら寝落ちしてしまった）

解説

knackered〔英〕はスラングで「疲れ切って」または「クタクタで」。ナッカードと発音しますが、本当に疲れてもういやだ!というときは、「ナッ」をことさら強く発音します。そういえば、医療現場の過酷な労働環境を題材にしたドラマの中で、NHS（国民保険サービス）の医師が knackered とつぶやいておりました。それももうかなりヘトヘトの状態で。お疲れさまです。

今すぐ使える!

イギリスのスラング表現

cream-crackered

（ものすごく疲れた）

I'm cream-crackered.

めっちゃ疲れたー。

knackered との音韻遊びが cream-crackered。下線部分が韻を踏んでいます。言葉遊びですので“クラッカー”と“疲労困憊”に関連性はありません。

イギリス英語の語彙・文法

怒りはいろいろ、表現もいろいろ

“怒り” と一口にいっても微妙に異なる感覚があるはずです。ここではangry を含めた様々な単語をピックアップしました。いずれも “I'm ～.” のかたちで使えます。今日一日が皆さんにとってすばらしい一日となりますように、新たなボキャをお贈りします。

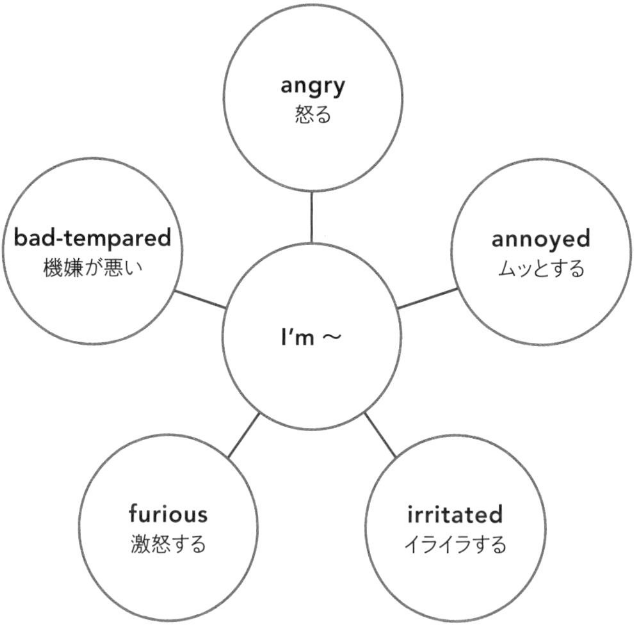

イライラつながりということで、throw a wobbly〔英〕は「突然キレる」。名詞の wobble は「ぐらつき」「不安定」という意味。He throws a wobbly when things don't work the way he wants. は「思い通りにならないと、彼はすぐにキレるんだ」。

SCENE 40

Track-80

On the common.

コモンにて

(Y: ユキ　L: ルーシー)

Lucy and Yuki are walking the family dog, Rover.

Y：Do you always walk Rover without a lead?

L：In a large area like Wimbledon Common, he can run and jump freely. But I usually put it on him in the city centre. ①

Y：Dogs in my neighbourhood in Tokyo, for example, are usually well-mannered. ② Still, the owners mustn't let their dogs off the lead in a public place.

L：So, were you surprised to see Rover given such freedom, then?

Y：I was amazed! (Yuki points to something.)
Ah, Lucy, what's the green box on the pole over there? It looks like a letter box...

L：That's a dog waste bin. ③

Y：Oh, owners can dispose of ④ the waste in it. But don't they carry a plastic bag or something?

L：They're supposed to. Actually, it was a big problem, but the streets have become much cleaner, thanks to ⑤ the use of these boxes by the pet owners.

Words & Phrases

① city centre〔英〕「中心街」*-re〔英〕
② well-mannered 「マナーのよい」
③ dog waste bin〔英〕「犬のフンを入れるゴミ箱」
④ dispose of 「〜を捨てる、始末する」
⑤ thanks to 「〜のおかげで」

訳

ルーシーとユキは飼い犬のローバーと散歩しています。

Y: いつもリードなしでローバーを散歩させているの?

L: ウィンブルドンコモンのような広いところでは、自由に走ったりジャンプしたりしているけど、都心ではたいていリードをつけるわね。

Y: 例えば、東京の近所の飼い犬たちは、たいてい礼儀正しいんです。それでも飼い主は公共の場でリードを外すことはしませんね。

L: じゃあ、ローバーにこのような自由が与えられていることに驚いたんじゃないかしら。

Y: ビックリしました！（ユキが何かを指さす）
あ、ルーシー、あそこの柱に掛かっている緑色の箱は何かしら。郵便受けみたい。

L: あれは犬のフンを始末するゴミ箱よ。

Y: へえ、飼い主はその中にフンを捨てることができるんですね。でも、ビニール袋とかを持参しないのかしら。

L: そうすることが前提なの。実は、以前は大きな問題だったんだけど、ペットの飼い主がこの箱を利用してくれるおかげで、通りは随分ときれいになったわ。

Track-81

ペット＆動物の英会話

1. My parents bought me a fluffy pup for my birthday.

（両親は私の誕生日に毛がふわふわの子犬を買ってくれた）

解説

pup は puppy（子犬）のこと。同じ母親から一度に生まれた犬の兄弟や姉妹は a litter of pups（または puppies）と言います。下線部分は kittens（子猫）などに入れ替えて使うこともできます。次のチャートはワンちゃんに関するフレーズの一覧です。お近くの公園でぜひ使ってみてください。

①	**What a lovely puppy!**	なんて素敵な子犬なんでしょう！
②	**How sweet!**	とてもかわいい！
③	**Can I say hello to your dog?**	ワンちゃんに挨拶をしてもいいですか。
④	**Is it all right to pat him?**	撫でてもいいですか。
⑤	**How very well-trained!**	とてもよく訓練されていますね！
⑥	**Is she house-trained?** ＊オスの場合は he。	ご自宅でしつけをされたんですか。
⑦	**Oh, don't be afraid. Rover is just playing.**	あ、怖がらないでくださいね。ローバーはちょっと遊んでいるだけですから。

2. I was like a dog with two tails when Rick asked me out.

（リックにデートに誘われて、すごく嬉しかった）

解説

like a dog with two tails〔英〕を直訳すると、2本の尻尾を振っている犬のよう。つまり、喜びが特盛で「ものすごく嬉しい」や「有頂天になって」ということ。日本語で「尻尾を振る」は、“人に媚びる”や“へつらう”という意味で使われますが、お国変われば尻尾の定義も変わるのです。

3. My son is likely to clam up when he meets someone for the first time.

(うちの息子は初対面の人と会うと黙ってしまう傾向にあります)

解説

clam はハマグリなど食用の二枚貝の総称で、動詞として使うと「黙り込む」という意味に。貝がパタっと閉じる様子を“口をつぐむ”に喩えているというわけです。ハマグリはペットというわけではありませんが、なんともユニークな表現ですので、生きもの繋がりということで入れておきますね。

4. That shop has been in the town for donkey's years.

(あの店は長いことその町にある)

解説

donkey's years〔英〕(長い間)は、ロバの長い耳(ears)と長年(years)が韻を踏んでいます。他にも“時間がかかる系”のフレーズに till the cow comes home(長いこと)があります。放っておいたままいつまで経っても帰って来ない牛に喩えた表現で、『本当にモー』と言いたいところですが、英語で牛の鳴き声は moo(ムー)でございます。

5. To be honest, my impression of Ken is that he's something of a lone wolf.

(正直言って、ケンは一匹狼みたいな人だというのが私の印象でした)

解説

lone は「孤独な」、ここから lone wolf は「一匹狼」や「単独行動を好む人」という意味に。loner という単語もありますが、こちらは友人や仲間と行動を共にしない「孤高な人」として使われることもあります。

6. Jane looked like the cat that got the cream when she was appointed chief.

（ジェーンは主任に選任されたとき、とても得意げになっていた）

解説

like the cat that got the cream〔英〕は“クリームを手にしたネコのよう”。ここから「満足げな」という意味に。cat は総じてネコのことですが、小さいときは kitten という呼び方もします。このように英語には動物を表すときに「子」と「成」の使い分けを持つものがあります。

	小さいうちは…	大きくなったら…
イヌ	puppy / pup	dog
ネコ	kitten	cat
ヒツジ	lamb	sheep
ヤギ	kid	goat
ウシ	calf	cow
ブタ	piglet	pig
ウマ	foal	horse
アヒル	duckling	duck
ガチョウ	gosling	goose

今すぐ使える！

イギリスのスラング表現

make a fuss of

（チヤホヤする）

Don't make a fuss of your dog or you'll end up spoiling him.
飼い犬をチヤホヤしないほうがいいよ。じゃないと、結局、甘やかすことになるから。

fuss の意味は「不要な心配をする」。make a fuss of は、ペットや人（特に赤ちゃん）を「とてもかわいがる」ということですが、かわいさのあまり「世話をしすぎる」というニュアンスに。

イギリス英語の語彙・文法

自動詞と他動詞の違いを学ぼう

日本語では「消える」「消す」のように自動詞と他動詞で単語の使い分けをしますが、英語の動詞の中には、ひとつの単語で両方の機能を持つものがあります。例えば、I walk in the park. は「公園を歩く」(自動詞)、I walk my dog in the park. は「犬を公園で散歩させる」(他動詞) です。他動詞として使う場合、動詞のあとに目的語 (ここでは my dog) が続きます。

単語	自動詞で	他動詞で
walk	**I walk in the park.** (公園を歩く)	**I walk my dog in the park.** (公園で犬を散歩させる)
fly	**I usually fly there.** (たいてい飛行機で行く)	**My dream is to fly a jet.** (夢はジェット機を操縦することだ)
move	**I moved twice last year.** (去年、2回引っ越しをした)	**Will you move your car?** (車を移動してもらえますか)
run	**I run for an hour every morning.** (毎朝1時間走る)	**I run a restaurant in London.** (ロンドンでレストランを経営している)
work	**I work in a library.** (図書館で働いている)	**My boss works me hard.** (上司は僕をこき使う)

「飛行機で行く」という場合は fly だけで大丈夫、fly by aeroplane とはしません。なぜなら、飛んで移動するときはたいてい (ほぼですかね) 飛行機を使うからです。なお、英語の辞書には自動詞は v.i. (または intransitive)、他動詞は v.t. (または transitive) と表記されています。

SCENE 41

Track-82

At Karen's flat. (1)

カレンのフラットで（1）

(Y: ユキ　K: カレン)

Yuki asks Karen about the etiquette of gifting in the UK.

Y：I'm going to a house-warming party ① this Friday. Do you remember Anne, a student from Belgium? Well, her boyfriend, Matt, moved house ② last month.

K：Which part of London does he live in now?

Y：In Hamstead, ③ with their lovely Siamese cat. ④

K：How nice! I wish I could live in such a classy ⑤ place. You might have a chance to bump into ⑥ a celebrity around every corner!

Y：Yes, that's right. Ah, Karen, I'm just thinking what sort of gift I should bring him.

K：I usually take a bottle of wine, some fancy biscuits, ⑦ a box of assorted chocolates or something like that. But anything he's fond of ⑧ is absolutely perfect.

Y：He's keen on Italian wine, so I'll get a bottle, or maybe a bunch of ⑨ flowers?

K：That'll be wonderful too.

Words & Phrases

① house-warming party 「引っ越し祝いのパーティー」
② move house〔英〕「引っ越す」
③ Hamstead〔英〕「ハムステッド」＊ロンドン高級住宅地。
④ Siamese cat 「シャム猫」＊「サイアミーズ」と読みます。
⑤ classy 「上品な」
⑥ bump into someone 「～とばったり出くわす」
⑦ biscuit〔英〕「ビスケット」
⑧ be fond of 「～が好きだ」
⑨ a bunch of 「（お花など）一束の」

訳

ユキはイギリスの贈り物のエチケットについてカレンに質問しています。

Y: 今週の金曜日、引っ越し祝いのパーティーに行く予定なの。ベルギーから来ている学生のアンのことを覚えている？　彼女のボーイフレンドのマットが先月、引っ越しをしたんだ。

K: 今、ロンドンのどの地区に住んでいるの？

Y: ハムステッドよ。愛らしいシャム猫と一緒にね。

K: いいなぁ！ 私もそんな高級なエリアに住んでみたいな。街のいたるところでセレブに会えるチャンスがあるかも！

Y: うん、その通り。あのね、カレン、彼にどんなプレゼントを渡そうか考えているの。

K: 私だったら、たいていはワインとか高級なビスケット、あとチョコレートの詰め合わせとかを持って行くわ。でも、彼の好きなものだったら、どんなものでも完璧よ。

Y: 彼はイタリアワインが大好きだから、一本手に入れてみようかな、それとも花束なんかはどうかしら。

K: それもすてきだと思う。

Track-83

パーティーの英会話①

1. We'd like to announce. We're getting married this autumn.

（発表します。私たち、この秋に結婚します）

解説

「秋は autumn なの? fall なの?」と悩んだことはありませんか。どちらも通じるので、まあいいかなと解決してしまっていた方もいるのでは。実は autumn〔英〕はイギリス英語で、fall はアメリカ英語。autumn の語源はラテン語、fall は「落ち葉」が由来と言われています。

---

2. It took us nearly a fortnight to arrange everything for this party.

（このパーティーを準備するのに２週間近くかかった）

解説

fortnight〔英〕は「2 週間」のこと。イギリスに住んだことのある方ならば、きっと耳にしたことのある単語だと思いますが、日本ではそれほど知名度は高くないですかね…。古英語の fourteen nights（14夜）にあたる言葉が fortnight に変遷していったと考えられています。

---

3. Shall we all chip in to buy her a leaving present?

（みんなでお金を出し合って、彼女へ送別プレゼントを買いましょうか）

解説

chip in〔英〕はある目的のために「お金を出し合う」という意味。chip の読み方は「チップ」ですが、心づけのチップと同音異義語だと思った方はナイストライ。あいにく、そちらのチップは tip と綴り、「ティップ」と発音します。

4. Ben didn't come to the party, so I was as sick as a parrot.

(ベンがパーティーに来なかったので、私はすっかり意気消沈)

解説

首を垂れてのがっくりです。とんでもないほど落ち込んでしまったときの心情をユーモラスに表したスラング表現。extremely disappointedですとシリアス感が前面に出てしまいますが、as sick as a parrot〔英〕（オウムが首を垂れて意気消沈）なら、愛嬌があるようにさえ感じてしまいます。

5. It made me cringe when I saw my mum dancing in high spirits!

(母がハイテンションで踊っているのを見て、身がすくんだわ!)

解説

恥ずかしさや恐怖で「身がすくむ」、「たじろぐ」が動詞のcringe〔英〕です。ハイテンションに踊る母を見て、この文の語り手は恥ずかしかったのでしょうか、それとも怖かったのでしょうか…。ちなみに、momはアメリカ英語の綴りで、イギリスではmum〔英〕です。mummy〔英〕も幼児語で「お母さん」ですが、なんと「ミイラ」と同音異義語です。

6. The party sprang to life around midnight.

(時計の針が12時をまわる頃、パーティーは大盛り上がりになった)

解説

spring to lifeは「(急に）活気づく」。例えば、大晦日のパーティーでカウントダウンが始まった途端、一気に盛り上がりをみせるといった様子をイメトレください。そして、新年を迎えて“最高潮”に達したらin full swingに。in full swingは「(パーティーなどが）たけなわで」という意味です。

7. I go to the odd party, but I usually stay at home on Fridays.

（たまにパーティーに行くけど、金曜日はたいてい家にいるよ）

解説

odd には「奇妙な」や「風変わりな」という意味がありますが、この文の odd〔英〕は「時々の」。動詞の go とくっ付いてたまにはパーティーに行くになるのです。同様に、I enjoy the odd glass of sparkling wine in the evening. は「夕方に時々スパークリングワインを楽しむ」ですが、この用法を知らないと odd glass を「ヘンなグラスで」と訳してしまいそうです。

今すぐ使える！

イギリスのスラング表現

doss down

（寝転がる）

Ken got drunk and ended up dossing down on the stairs.

酔っ払ったケンは、階段で寝落ちしていた。

自宅のベッド以外で「寝っ転がる」「ごろ寝する」ことを doss down と言います。パーティーの後、酔っ払って自宅の玄関先で寝落ち、ソファーに寝そべってサッカーの試合を見ていたら、いつの間にか爆睡…など、さまざまな doss down がイメージできそうです。

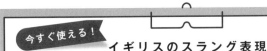

イギリス英語の語彙・文法

頭の中であれやこれや、wish は妄想文だ

あれやこれやと空想はするけれど、実のところ、まだ何も起こっていない。I wish の文は授業では妄想文と教えています。（そのような専門用語はないかもしれませんが！） なお、I wish に続く助動詞や動詞は過去形です。今の願望を述べているにもかかわらず、ひとつ前の時制を使うこと自体、そもそもおかしな話ではありませんか。ところがそのような時制のねじれがあるからこそ、あり得なさ感や妄想感が漂ってくるというわけです。

ひとりごと	妄想中…	現実
I wish **it would stop raining.**	雨、止んでくれるといいのに。	→ 降り続いていて、まったく止みそうもない。
I wish **I could buy a house in London.**	ロンドンに家を買えたらなあ。	→ お金が足りないから、どうにも買えそうにない。
I wish **I were you, John.**	ジョン、僕が君だったらな。	→ なり得ないから、当然のごとく、ジョンみたいにモテるはずもない。

I wish の文はいわゆる仮定法と呼ばれ、SCENE 42 の p285 では同様に if 構文を取り上げています。なお、if は接続詞ですが、形容詞の iffy〔英〕（イフィ）はご存知ですか。イギリスでは not very good（＝あまりよくない）の意味で使われ、例えば The milk smells a bit iffy.（この牛乳、ちょっと変な匂いがする）は、"腐っている" や "悪くなっている" の言い換えです。また、予定などが「あてにならない」という意味もありますが、こちらは if が本来持つ不確定性を基盤とした用法ですね。

SCENE 42

Track-84

At Karen's flat. (2)

カレンのフラットで (2)

(Y: ユキ　K: カレン)

Yuki asks Karen about another party custom.

Y：In Japan, we try to arrive a bit earlier than the scheduled time.

K：Oh, it's opposite ① in the UK. If I'm invited to a party, I'll be fashionably late. ②

Y：Fashionably late? What do you mean?

K：I'll try to be 10 to 15 minutes late, so that the host can use the extra time to get ready.

Y：That's very interesting, and it's a British way of showing courtesy, ③ I suppose.

K：Right. If we arrive earlier, they have to rush! Maybe we wouldn't fancy that kind of idea.

Y：So many countries, so many customs!

K：Yep, but be sure to give the host a ring ④ when you're REALLY late!

Words & Phrases

① opposite 「反対の、逆の」

② fashionably late 「意図的に遅れて」
＊直訳すると、「(エチケットとして)スマートに少しだけ遅れる」

③ courtesy 「礼儀」

④ give someone a ring〔英〕「～に電話をかける」

訳

ユキはカレンにほかのパーティールールについても尋ねています。

Y: 日本では予定時刻より少し早く着くようにするの。

K: まあ、イギリスではその反対よ。パーティーに招待されたら、あえて遅刻するわね。

Y: あえて遅刻する? どういう意味なのかしら。

K: パーティーをホストする側が、十分に余裕を持って準備できるように10～15分ぐらい遅れて着くようにするということ。

Y: すごくおもしろいね。きっとイギリス流の礼儀の表し方なのね。

K: ええ。もし早く到着しちゃったら、急がなければならないでしょ。たぶん、私たちはそういった考えを好まないんだと思う。

Y: 国の数だけ習慣もあるってことか。

K: うん。でも、本当に遅刻そうなときは必ずホストに電話をしてね!

Track-85

パーティーの英会話②

1. I'm going to a party and really need to sharpen my look. What should I do?

(パーティーに行くのに見た目をピシッと決めたくて。どうしたらいいかな)

解説　sharp の語尾に -en が付くと動詞に変わり「鮮明にする」や「はっきりさせる」といった意味になります。ほかにも品詞が変わる単語があるので一覧にしておきますね。

sharp〔形容詞〕(鋭利な)	⇒	**sharpen**〔動詞〕(鮮明にする)
dark〔形容詞〕(暗い)	⇒	**darken**〔動詞〕(暗くなる)
strength〔名詞〕(強さ)	⇒	**strengthen**〔動詞〕(増強する)
wood〔名詞〕(木材)	⇒	**wooden**〔形容詞〕(木材でできた)
gold〔名詞〕(金、黄金)	⇒	**golden**〔形容詞〕(金色の)

2. Many of the party guests' style was quite kitschy.

(パーティー参加者の多くは、かなりキッチュなスタイルだったよ)

解説　kitschy は日本語の「キッチュな」にあたります。kitschy は kitsch の形容詞ですが、綴り字が複雑に見えるのはドイツ語が語源となっているからかもしれません。読み方ですが kitschy の下線部分のあとに「ィ」をくっ付けて「キッチィ」です。

3. I'll get some booze at the off-licence.

(オフライセンスでお酒を買うね)

解説

booze はスラングで「お酒」。off-licence〔英〕は「酒類販売許可証」のことを言い、お酒の販売許可が下りているお店、つまり「酒屋」のことです。アメリカ英語の liquor shop にあたります。on-licence もあり、こちらは「店内での飲酒を認める許可証」です。licence〔英〕の -ce はイギリス式の綴りで、アメリカ式では license です。

4. We'll need more nibbles for the party.

(パーティーにはもっとおつまみが必要だね)

解説

nibble〔英〕は「かじる」や「ちょこちょこつまむ」ですが、名詞だと「おつまみ」「軽い食事」になります。文字通り、ちょこっとつまむのでおつまみに。リスが木の実をガリガリかじっている動作がまさに nibble のイメージです。

5. The party was becoming rather raucous.

(そのパーティーはやや荒々しい感じになっていった)

解説

raucous(「ローカス」と読みます)には「乱暴な」や「騒々しい」という意味がありますので、穏やかだったパーティーが険悪な様相を呈し始めている、そんな様子が見て取れます。

6. I saw in the new year with my friend in London. The most memorable party ever!

（ロンドンで友人と新年を迎えた。今まででいちばん記憶に残るパーティーだった!）

解説　see in the new year〔英〕は「新年を迎える」ですが、welcome in the new yearもよく使われます。どちらもすてきな響きを持った、新年を迎えるにふさわしいフレーズですね!

今すぐ使える!

イギリスのスラング表現

champers

（シャンパン）

Let's celebrate with some champers.
シャンパンでお祝いしましょう。

シャンパンをもじった口語表現。champagneの読み方は「シャンペィン」、champersは「シャンパーズ」です。同じ意味としてbubblyも使われます。"泡が多い"から派生し、その名も「バブリー」。

イギリス英語の語彙・文法

コンディショナル0～3で、会話の幅を広げよう

次のチャートはConditionals（コンディショナルズ）と呼ばれ、(0) 不変の事実、(1) 未来の可能性、(2) 現在のこと、(3) 過去のことを語る場合に用いられる4つのかたちです。いわゆる仮定法が入ってきますが、ややこしいのは (2) と (3) です。I wish と同様に、ここから例の妄想が始まります。ただし、かたちは決まっていますからパターンさえ分かってしまえば、案外と楽にいけるはず。下線部分がコンディショナルの核、とても重要な部分です！

	空腹の話	訳	頭の中
0	**If I'm hungry, I** eat **something.**	お腹が減ると、何かを食べる。	事実 なぜなら私は<u>いつでも</u>食いしん坊。
1	**If I'm hungry, I** will eat **something.**	お腹が空いたら、何かを食べよう。	未来の可能性 空いたら<u>そのときに</u>食べよう。
2	**If I** was **hungry, I** would eat **something.**	お腹が空いていたら、何かを食べるのに。	現在のこと でも<u>今は</u>空いていないから、何も食べない。
3	**If I** had been **hungry,** I would have eaten **something.**	お腹が空いていたなら、何かを食べていただろうな。	過去のこと <u>あのとき</u>空いていなかったから、何も食べなかった。

英文と見比べながら、かたちを覚えてくださいね。

0: if ＋現在形 , 現在形

1: if ＋現在形 , will ＋動詞の原形

2: if ＋過去形 , 助動詞の過去形＋動詞の原形

3: if ＋過去完了形 , 助動詞の過去形＋ have ＋過去分詞

＊0 conditional の 0 は「ゼロ」と読みます。

Letter from Lucy and Tony

無事日本に戻ったユキから手紙を受け取ったルーシーとトニー。
次のメッセージは２人がユキに宛てたものです。

Dear Yuki,

It was wonderful having you as part of our family. Not only have you got a brilliant personality, but you're also easy to talk to. How charming you are, Yuki. We always enjoyed listening to your stories, and we were amazed that you're so keen on learning new things. Now you know how to vacuum the stair carpet, right?

Congratulations on getting a new job. Your dream has come true. We're sure that you'll make good use of the experience you gained in London, and that you'll become a great tour guide. As you said, learning a new language doesn't only help us communicate with others, it helps us open up to other cultures and adapt to other ways, too. We agree. Actually, we're taking a Japanese exam for the first time, so fingers crossed for us!

Three months passed so quickly, and we miss you, Yuki. Don't forget that we're your mum and dad in the UK. Our home is your home. We can't wait to see you again. Until then, we wish you good luck and every success. Take care and let's keep in touch.

Lots of love,
Lucy, Tony and Rover xxx

ルーシーとトニーからの手紙

ユキへ、

あなたを家族の一員として迎えられたことは、本当に素晴らしいことだったわ。明るい性格に加えて、とても話しやすいユキ、なんてチャーミングなんでしょう。ユキの話に耳を傾けるのはいつだって楽しかったし、新しいことを学びたいという姿勢に感動しましたよ。絨毯張りの階段の掃除機のかけ方も、もうわかったでしょう？

就職が決まっておめでとう。ついに夢が叶いましたね。ロンドンでの経験を生かし、最高のツアーガイドとして活躍されると確信しています。ユキが言ったように、新しい言語を学ぶというのはコミュニケーションのためだけではなく、異文化を受け入れること、異なる価値観に順応していくこと。本当にその通り。実は、私たちは初めて日本語試験にチャレンジするんですよ。指をクロスして幸運を祈ってね！

3ヶ月はあっという間、あなたがいなくて淋しいわ。私たちはあなたのイギリスの母と父だということを忘れないでね。この家はあなたの家なのだから。次回お会いできることをとても楽しみにしているわ。ユキの幸運と成功をお祈りします。体に気をつけて。これからも連絡を取り合いましょう。

愛を込めて
ルーシー、トニー、愛犬ローバーより

British English Phonics
- Basic -

イギリス人のように英語を話したい！というのは、皆さんの夢に違いありません。そして、その願いを叶えるお手伝いをしてくれるのがフォニックスです。このコーナーでは「イギリス英語のフォニックス ベーシック編」と題し、イギリス英語の発音の習得に欠かせない、基本となる子音字（20ルール）と母音字（5ルール）の読み方と発音の仕方をご紹介します。また、仕上げとして、早口言葉を用いた音読練習を行います。

■フォニックスってなに？

フォニックスは英語の綴り字と音のルールを示した学習法で、イギリスをはじめとする英語圏の子供たちは、フォニックスを通して読み書きを習得していきます。

さて、日本人の私たちは“読み書きならOK、でも発音となると自信がなくて…”のように音声に対して苦手意識を持っている方が多いのではないでしょうか。

そこで、当方は大人のためのフォニックスという学習法を考え、アルファベットの綴り字を発音記号の代わりに見立て、メトロノームのリズムに合わせて発声練習を行うというメソッドを編み出しました。おかげさまで拙著『フォニックス〈発音〉トレーニングBOOK』（明日香出版社刊）は2005年の発売以来、現在もたくさんの方に読んでいただいており、フォニックスと発音向上には大きなつながりがあることを確信しています。

■イギリス英語とアメリカ英語のフォニックスについて

英米の違いで顕著なのはズバリ「母音」です。例えば、21番のAaはイギリス式の発音では「ア」に小さな「ェ」が加わりますが、アメリカ式では「エ」が強く響きます。また、5番のTtも語中では音が異なります。waterはイギリス式では「ウォータァ」ですが、アメリカ式では「ワラァ」に（なお、コックニーアクセントでは「ウォッア」のように響きます）。

日本の英語教育は英会話スクールなどの現場を見ても、アメリカ英語が基盤となっていることが多いため、イギリス英語の発音を学ぶには、個々の綴り字がどのように読まれるのか、また、発声の際に口の形や舌の位置がどのようになっているのかを、つぶさに見ていく必要があります。つまり、イギリス英語のフォニックスは皆さんの発音をイギリス英語の音に近づけるための矯正ツールなのです。

なお、ベーシック編とあるように、フォニックスには他にも様々な法則があるのですが、ここでは基礎をしっかりと固めることを目標に、25のルールを取り上げています。発音がよくなるにつれ、並行してリスニング力もアップしていきます。すばらしいではないですか！　実に、フォニックスは英語学習者にとっていいことづくめの学習法なのです。

イギリス英語のフォニックスはこんな人におすすめ

- ✓ イギリス人のように発音できるようになりたい。
- ✓ イギリス人の話す英語が聞き取れるようになりたい。
- ✓ 発音記号を使わなくても単語が読めるようになりたい。

各ルールの単語は本文で取り上げたもの、および新出単語です。いずれにしても、ほとんどがイギリス英語として使われている語彙群ですので、イギリスの風を感じながら、イギリス人になりきって発音を真似してくださいね。

*19番のquだけは2文字になっています。これはqの後にはたいていuが続くため、フォニックスではquで指導するのが一般的です。

では、早速メトロノームのリズムに合わせて、発音の練習を行いましょう。

1字綴りの子音　Track-87

1. Pp [プ]	2. Bb [ブ]
唇をピッタリと閉じ、「プ」と息を吐き出します。果物の小さな種をくわえて遠くへ飛ばすイメージで。手の平を口の近くに持ってきて、pを言ったとき、息が感じられればOKです。	bもpと同じように唇を閉じ、「ブ」と声を出します。ブーと音を伸ばさずに短く言うのがポイントです。風船の破裂をイメージしてください。
• p p　packet	• b b　basin
• p p　parcel	• b b　bin
• p p　pint	• b b　bonnet
• p p　post	• b b　boot

Pの単語：「～の1袋」「小包」「1パイントのビール」「郵送する」
Bの単語：「洗面台」「ゴミ入れ」「車のボンネット」「車のトランク」

3. Cc / Kk [ク]	4. Gg [グ]
舌の付け根を喉の奥にピッタリと付け、一気に離して「ク」。日本語の「く」よりも強い音になります。	gもcやkと同じく、舌の付け根を喉の奥に付けますが、離すときに「グ」と言います。腹筋を使って強く低く「グ」です。
• c c　caff	• g g　garden
• c c　cuppa	• g g　grill
• k k　keen	• g g　guard
• k k　king	• g g　gutted

C / Kの単語：「カフェ〔口語〕」「一杯の紅茶〔口語〕」「～が好きだ」「国王」
Gの単語：「庭」「(肉などを) グリルする」「警備員・車掌」「とても落ち込んだ」

5. Tt ［トッ］	6. Dd ［ドッ］
舌先を歯茎にあて、一気に離します。すると「トッ」と「ツ」の中間の音が生まれます。強く響き、舌打ちに似ています。	tと同じ位置に舌先をあて、「ドッ」と言います。音を伸ばさず、お腹に力を入れて短く言いましょう。
• t t　takeaway	• d d　dear
• t t　telly	• d d　debut
• t t　tenner	• d d　dodgy
• t t　till	• d d　dosh

Tの単語：「テイクアウト」「テレビ〔口語〕」「10ポンド〔口語〕」「レジ」
Dの単語：「(値段が) 高い」「デビュー」「うさん臭い」「お金〔口語〕」

7. Ss ［ス］	8. Zz ［ズ］
舌先を上前歯の裏に近づけて「ス」。このとき、前歯と舌先をかすめて鋭い息が流れます。ですので、singleのsは「シ」ではなく「スィ」です。	sと同じ舌の位置で「ズ」と言いますが、こちらも隙間をかすめて声が通っていきます。舌先にぶるぶると震える摩擦と振動があります。
• s s　sack	• z z　zebra
• s s　saloon	• z z　Z
• s s　single	• z z　zip
• s s　sorted	• z z　maize

Sの単語：「クビになること」「セダン型乗用車」「(切符が) 片道の」「準備万端の」
Zの単語：「シマウマ」「Z」「ファスナー」「とうもろこし」

9. Ff [フ]	10. Vv [ヴ]
前歯を下唇にそっとあて「フ」と息を出します。口角を上にキュッと上げ気味にすることが、いい音を出すポイントです。	f と同じ位置で「ヴ」と声を出します。そうすると下唇にブルブルと振動を感じるはず。f に声がつくと v になるのですが、どちらも擦れたような音色です。
• f f fancy	• v v veg
• f f film	• v v duvet
• f f football	• v v fiver
• f f fortnight	• v v savoury

F の単語：「〜したいと思う」「映画」「サッカー」「２週間」
V の単語：「野菜〔口語〕」「毛布、布団」「５ポンド〔口語〕」「塩味のきいた」

11. Mm [(ン) ム]	12. Nn [(ン) ヌ]
日本語の「マ行」の音で通用しますが、言い出しのときに、唇をピッタリと閉じて「ン」と声を鼻に抜かします。	舌先を歯茎にあて（そうすると唇が少し開きます）、舌先を離しながら「ヌ」。m と同様、言い始めに軽く「ン」と言いましょう。
• m m mac	• n n nanny
• m m mate	• n n nil
• m m maths	• n n nip
• m m motorway	• n n note

M の単語：「レインコート」「(男性同士の) 仲間、友人」「数学」「高速道路」
N の単語：「おばあちゃん」「(得点が) ゼロ」「急いで行く」「紙幣」

13.　　L l [ル]	14.　　R r [ゥル]
舌先を歯茎にあて、一気に離して「ル」。この音は「明るいL」と呼ばれ、その名の示す通り、明るく、ちょっと高めに音を出すことを意識してくださいね。なお、語尾では「ゥ」のように響きます。	唇を丸め、舌先を口の中の天井のほうに向けて「ル」と言いましょう。このとき、「ル」の前に小さな「ゥ」をつけます。やや暗めに言うと、Lとの差別化がつきます。
• l l　ladybird	• r r　railway
• l l　let	• r r　ring
• l l　lift	• r r　roundabout
• l l　loo	• r r　row

Lの単語：「てんとう虫」「(家やアパートを) 賃貸しする」「エレベーター」「トイレ」
Rの単語：「鉄道」「電話をする」「ロータリー」「口論」

15.　　X x [クス]	16.　　H h [ハ]
c（またはk）とsの音を続けて発音します。つまり、xはk＋sということです。綴り字のxは、語尾（時々語中）に現れるという特徴があります。	まず、喉の奥から「ハーーー」とたくさんの息を出します。出だしの「ハ」がフォニックスのhです。つまり、息の放出が顕著な音なのです。
• x x　box	• h h　hire
• x x　mix	• h h　holiday
• x x　relax	• h h　homely
• x x　tax	• h h　hoover

Xの単語：「箱」「かき混ぜる」「リラックスする」「税金」
Hの単語：「賃借する」「休暇」「家庭的な」「掃除機」

17. J j [ジュ]	18. W w [ゥワッ]
舌先を一旦歯茎にあてて離しながら「ジュ」と言います。音を伸ばさず短く発音するのがポイントです。	唇を丸めて（タコのように唇を突き出し）「ゥワッ」。ティッシュを口の近くに持ってきて、w を言ったとき、ティッシュが息の流れでなびいたら、きちんと音が出ているということです。
• j j　joinery	• w w　waistcoat
• j j　jolly	• w w　wicked
• j j　journey	• w w　windscreen
• j j　jumper	• w w　wonky

J の単語：「建具職」「すてきな」「旅行」「セーター」
W の単語：「（服の）ベスト」「最高だ〔口語〕」「（車の）フロントガラス」
「（椅子などが）ぐらぐらした」

19. QU qu [クゥ]	20. Y y [ィヤ]
c（または k）と w の音の連続です。「ク」の後にすかさず唇を丸めて「ゥ」をつけます。ですので、queen は「クイーン」ではなく「クゥィーン」なのです。	舌先を下の歯の裏にあて、離しながら「ィヤ」と言います。カタカナ 2 文字で表記していますが、あくまでも 1 音です。
• qu qu　queen	• y y　yahoo
• qu qu　quid	• y y　yard
• qu qu　quin	• y y　year
• qu qu　quite	• y y　young

QU の単語：「女王」「1 ポンド〔口語〕」「5 つ子のひとり」「なかなか」
Y の単語：「やったー〔口語〕」「裏庭」「年度」「若い」

1字綴りの母音（短母音）　Track-88

21. A a [ア]	22. E e [エ]
口端を引き、口を大きく開けて「ア」。言い始めに「ェ」を軽く乗せるイメージで発音しましょう。	口端を引っ張り、短く「エ」と言います。日本語の「え」でも代用できますが、それよりも少しだけ口を開き気味に。
• a a　advert	• e e　chemist
• a a　bracket	• e e　clever
• a a　fab	• e e　peckish
• a a　flat	• e e　petrol

A の単語：「広告」「丸かっこ」「すばらしい〔口語〕」「アパート」
E の単語：「薬剤師」「賢い」「小腹が空いた」「ガソリン」

23. I i [イ]	24. O o [オ]
22 の e の口のかたちで「イ」と言います。そうすると「エ」と「イ」を足して割ったような音色になります。	指が2本入るぐらいに口を大きく開け「ア」のかたちを作り、ちょっとだけ唇を丸めて「オ」と言います。喉の奥から短く音を出しましょう。
• i i　bill	• o o　cot
• i i　chips	• o o　posh
• i i　single	• o o　spot
• i i　tin	• o o　trolley

I の単語：「お会計」「フライドポテト」「（切符が）片道の」「缶詰」
O の単語：「ベビーベッド」「高級な」「ニキビ」「カート」

25. Uu [アッ]	
人差し指を軽く噛み、短く「アッ」。次に指を外して言ってみてください。口はあまり開けず、忘れ物をしたときの「あっ！」のイメージで。	
• u u	luggage
• u u	mum
• u u	pub
• u u	rubbish

U の単語：「旅行用の荷物」「ママ」「パブ」「ゴミ」

イギリス英語のフォニックス 早口言葉　音読練習

Track-89

次に、早口言葉を使った音読練習を行います。太字の箇所がフォニックスのルールに出てきた音です。繰り返し声に出して読み、イギリス英語の発音を習得しましょう。ぜひとも気分はなりきりで！

1. Pat added some pepper to the pan.
（パットはフライパンにコショウを加えた）

2. Becky bakes a banana cake for Bill.
（ベッキーはビルのためにバナナケーキを焼く）

3. Can I use Kelly's calculator?
（ケリーの計算機を使ってもいいかしら？）

4. The girl with curly hair is giggling.
（カーリーヘアーの女の子がくすくす笑っている）

5. The tiny tin clock goes tick-tock tick-tock.
（小さなブリキの時計がカチカチ鳴っている）

6. Daddy does the dishes after dinnertime.
（パパは夕食後にお皿を洗う）

7. Sally stews the soup for the supper.
（サリーは夕食のスープをコトコト煮込む）

8. Zoom up for the zebras in the zoo!
（動物園のシマウマを写すから望遠にして！）

9. Freddy swims fast like a fish.
（フレディは魚のように速く泳ぐ）

10. Victor plays the violin on Valentine's Day.
（ヴィクターはバレンタインデイにバイオリンを弾く）

11. "Don't make a mess", Mother murmured.
（「散らかさないで」とママはぶつぶつ言った）

12. Nancy reads nice fancy novels at night.
（ナンシーはすてきな小説を夜に読む）

13. Look at the lovely girl with the lollypop!
（キャンディーをなめているかわいらしい女の子を見てごらん！）

14. Ron’s robot rolls and runs in the rain.
（ロンのロボットは雨の中をグルグル走り回る）

15. Mr Fox is talking in the phone box.
（フォックス氏が公衆電話で話をしている）

16. Wave hello to Henry in the huge helicopter.
（大きなヘリコプターに乗っているヘンリーに手を振ろう）

17. Jack jumped for joy to get the jet toy.
（ジャックはおもちゃのジェット機をもらい大喜びした）

18. I wax my wagon at the weekend.
（私は週末、ワゴン車にワックスをかける）

19. Quite a lot of people watched the queen’s wedding on TV.
（かなり多くの人々が女王のウェディングをテレビで観た）

20. Grow some yellow flowers in the yard.
（庭に黄色いお花を咲かせよう）

21. Andy's band plays rat-a-tat.
(アンディのバンドはドンドンドンと打ち鳴らす)

22. Emily's hen laid eggs this morning.
(エミリーのめん鳥は今朝たまごを産んだ)

23. Who spilled the pink ink bottle?
(そのピンクのインク瓶をこぼしたのは誰？)

24. Oliver stopped mopping the floor.
(オリバーはモップの床掃除をやめた)

25. Uncle Joe went upstairs for the umbrella.
(ジョーおじさんは傘を取りに2階へ上がった)

実は、ここで取り上げた早口言葉は『フォニックス〈発音〉トレーニングBOOK』(明日香出版社) に掲載されているものからの抜粋です。既刊本の音声はアメリカ人のナレーターさんによって収録されていますので、もし書籍をお持ちの方がいらっしゃったら、ぜひ英米の発音の違いを聞き比べてみてください。

■綴り字と発音記号の相関表

綴り字と発音記号は連動しています。見ての通り、似ているもの（p と /p/ ）と、まったく違うもの（y と /j/ ）があります。

ルール番号	綴り字	発音記号	ルール番号	綴り字	発音記号
1	P p	/p/	14	R r	/r/
2	B b	/b/	15	X x	/ks/
3	C c / K k	/k/	16	H h	/h/
4	G g	/g/	17	J j	/dʒ/
5	T t	/t/	18	W w	/w/
6	D d	/d/	19	QU qu	/kw/
7	S s	/s/	20	Y y	/j/
8	Z z	/z/	21	A a	/æ/
9	F f	/f/	22	E e	/e/
10	V v	/v/	23	I i	/I/
11	M m	/m/	24	O o	/ɒ/
12	N n	/n/	25	U u	/ʌ/
13	L l	/l/			

著者
ジュミック今井（Jumique Imai）
東京都渋谷区にて英会話教室を主宰、翻訳業および語学書の執筆活動を行っている。NPO法人「J-Shine 小学校英語指導者」資格者。2013年、中国文化大学（台湾）にて日本語教師養成班を修了、国内外で日本語教師としても活動中。American Council on the Teaching of Foreign Languages（全米外国語教育協会）学会に所属、ACTFL公認OPI英語・日本語テスター。
ジュミック今井のブログ：https://jumiqueimai.blog.fc2.com/
主な著書に『CD BOOK フォニックス＜発音＞トレーニングBOOK』『CD BOOK ドリル式フォニックス＜発音＞練習BOOK』『CD BOOK ＜フォニックス＞できれいな英語の発音がおもしろいほど身につく本』『CD BOOK フォニックス＜発音＞エクササイズBOOK』『CD BOOK イギリス英語フレーズブック』（以上、明日香出版社）、『英語でネイティブみたいな会話がしたい』『フォニックス英語リスニング』『フォニックス英語音読』（以上、クロスメディアランゲージ）、『はじめてのフォニックス』シリーズ（①～⑤）（Jリサーチ出版）、『どうしても聞き取れない耳をほぐす英語リスニング』（DHC）、『ママとキッズのはじめてのフォニックス』（すばる舎）、共著に『U.S.A小学校テキスト発英語deドリル』（講談社）などがある。

［協力］
トレーシー・キメスカンプ（Dr Tracey Kimmeskamp）
英国北アイルランド生まれ。アルスター大学大学院博士課程修了。アジア・ヨーロッパ学、日本政治史学を専攻。神戸の留学から帰国後、1999年、ドイツへ移住。ヨーロッパ最大の日本人学校にて英語教育者として従事。また、2012年からはビジネス関連およびアカデミック文献を中心に数多くの翻訳を手掛けている。

日常生活のイギリス英語表現

2022年12月28日　初版発行
2024年 3月19日　第5刷発行

著者　ジュミック今井
発行者　石野栄一
発行　明日香出版社
〒112-0005 東京都文京区水道2-11-5
電話 03-5395-7650
https://www.asuka-g.co.jp
カバーデザイン　小口翔平＋阿部早紀子（tobufune）
本文デザイン　株式会社デジカル（Isshiki）
本文イラスト　chona
本文組版　株式会社デジタルプレス
英文校閲　Tracey Kimmeskamp
印刷・製本　株式会社フクイン

ISBN 978-4-7569-2251-9